Sowohl in guten als auch in schlechten Zeiten...

Ilse Hampe

Bibliografische Information der Deutschen Nationalbibliothek:

Die Deutsche Nationalbibliothek verzeichnet diese Publikation in der Deutschen Nationalbibliografie; detaillierte bibliografische Daten sind im Internet über http://dnb.dnb.de abrufbar.

©2016 Ilse Hampe

Herstellung und Verlag

BOD – Books on Demand, Norderstedt

ISBN: 9783739222448

Inhaltsverzeichnis

Einleitung..7
9. September 2005..10
17. September 2005..15
22. Oktober 2005...18
Katharinenkloster..21
25. Oktober 2005...24
31. Oktober 2005...26
1. November 2005..27
3. November 2005..31
23. November 2005..32
Qazvin..37
24. November 2005..42
1. Dezember 2005..46
24. Dezember 2005..48
Eine abenteuerliche Geburt......................................53
31. Dezember 2005..58
15. April 2006...61
18. Mai 2006...65
Aeroflot oder besser nicht mehr fliegen..........................70
19. Mai 2006...77
26. Mai 2006...79
10. Juni 2006..82

2. Juli 2006..85

11. Juli 2006..87

27. Juli 2006..88

28. September 2006....................................89

Darf es auch mal mitten im Bürgerkrieg sein?.................92

30. September 2006....................................99

5. Oktober 2006.......................................100

6. Oktober 2006.......................................101

22. Oktober 2006.....................................102

4. November 2006 104

31. März 2007..105

2. April 2007..108

23. Juli 2007..110

8. August 2007..113

Abwasser durch die Ritzen....................116

22. August 2007......................................122

25. Oktober 2007.....................................128

24. Januar 2008.......................................129

1. Februar 2008.......................................131

18. Februar 2008.....................................132

18. Juli 2008..134

20. Dezember 2008.................................138

Taschkent..141

3. Februar 2010.......................................151

22. Januar 2012..157
3. Februar 2012..160
4. Februar 2012..163
9. April 2012..169

Einleitung

Das Jahr 2005 sollte für unsere Familie ein ereignisreiches werden. Als erstes stand die Geburt unseres Enkels Numero eins Ende März in Kanada auf dem Plan, dann die Hochzeit unseres Sohnes Sebastian mit Ulrike am 30. Juni in Düsseldorf. Da mein Ehemann bereits im August 2000 das Rentnerdasein angetreten hatte, pendelten wir seitdem zwischen Frankfurt und meinem Geburtsland Chile, in dem meine vier Geschwister mit ihren Familien lebten. Ende Februar 2005 machte ich mich alleine von Santiago aus mit einem Abstecher über Frankfurt zum Aufenthaltsort meiner Tochter in Toronto auf den Weg. Mein Mann Manuel wollte Anfang April nach Frankfurt nachkommen.

Aber es sollte anders werden. Am 9.3. erhielt ich in Frankfurt einen Anruf aus Santiago: Mein Mann liege mit Schlaganfall im Krankenhaus. Ich wusste nicht einmal, was das war und noch weniger, was das für uns bedeuten würde. Eine Freundin klärte mich auf, auch oder vor allem über die möglichen Konsequenzen. Ich machte mich sofort daran, ein Ticket nach Santiago zu besorgen. An Toronto war nicht mehr zu denken, das Flugticket habe ich nie verwerten können. Meine Tochter würde ohne mich zurechtkommen müssen, und tatsächlich gebar sie dann am 23.3. einen gesunden Sohn, Max.

Für den 10.3. am Abend erhielt ich einen teuren Platz im Flieger, packte meine Habseligkeiten zusammen und fing an zu grübeln. Wir würden das gemeinsam schon meistern, der Ärzteschaft unmissverständlich beweisen, dass man mit vereinten Kräften und eisernem Willen unschlagbar sei und den medizinischen Vorhersagen trotzen könne. Im Flugzeug kullerten mir dann die Tränen über die Wangen; die Blicke der fremden Sitznachbarn trafen mich nicht im Geringsten, eingesperrt und gepanzert wie ich war in meinem Schmerz.

Manuel lag in der Intensivstation, seine Augen hellten sich auf, als er mich sah. Er hatte auf mich gewartet, atmete sichtlich erleichtert auf. *„Schön, dass du gekommen bist. Ich brauche dich",* las ich aus seinem Gesichtsausdruck. Denn sprechen konnte er kein

Wort. Nach zwei Tagen wurde er in ein Einzelzimmer verlegt, wo ich mir einen Monat lang jeden Abend auf der ausziehbaren Couch neben ihm mein Lager bereitete. In Chile ist es üblich, dass Verwandte einen Kranken begleiten. Tagsüber nahm ich mir ein paar Stunden frei, um Besorgungen zu machen oder im Internetcafé meine Mails zu schreiben. Auf der Straße unterwegs, aller Hemmungen entledigt, heulte ich jedes Mal los. Ob die Passanten nach mir schauten oder nicht, blieb mir verborgen. Ich ignorierte sie, war nur mit mir selber und meinem Kummer beschäftigt.

Manuel, seine rechte Körperhälfte war komplett gelähmt, musste das Elementarste wieder erlernen: das Stehen. Er wurde aufrecht an ein Gestell gebunden, das an ein Folterinstrument erinnerte. Anfangs nur für wenige Minuten, dann wurde diese für ihn sehr anstrengende Tortur langsam gesteigert. Auch das Sitzen in einem komfortablen Sessel bedeutete Anstrengung. Aber die Kräfte wuchsen mit Hilfe der täglichen Krankengymnastik, und nach einem Monat war er nicht mehr nur ein schwerer Sack.

Auch in der siebenwöchigen Reha in Hessen teilte ich mit ihm das Zimmer, abgesehen von wenigen Ausnahmen. Anfang Juni zogen wir nach Frankfurt in unser Reihenhäuschen, im Erdgeschoss gab es kein Schlafzimmer und kein Bad mit Dusche. Inzwischen konnte er mit einem Stock, wenn ich sein gelähmtes Bein nachzog, langsam vorwärtskommen. Und der Therapeut hatte mit uns das Treppensteigen geübt: Auch dabei schob ich sein Bein hoch oder hinunter. Da wir nur auf der linken Seite ein Geländer haben, stieg er dann die Treppe rückwärts hinab. Die Laufereien zur Physiotherapie und zur Logopädie begannen. Der Transfer in den Rollstuhl strapazierte meinen Rücken. Dennoch unternahmen wir die Mammutreise nach Berlin zur standesamtlichen Trauung unseres Erstgeborenen und anschließend zur Feier nach Düsseldorf. Der Neurologe hatte mir gesagt: *„Es wird ihren Mann nicht umbringen, aber anstrengen"*, und so war es auch, obwohl ich nicht weiß, wer fertiger war, er oder ich.

Auf jeden Fall hatte Manuel seinen beiden Kindern die Show gestohlen. Als Ines mit Partner und Max im Juni nach Frankfurt zu Besuch kamen, konnte ich mich ihnen kaum widmen, geschweige denn ihre Anwesenheit genießen. Meine neue Lebenssituation nahm all meine Energie in Anspruch. Auf der Hochzeitsfeier unseres Sohnes, wo Manuel in gesundem Zustand mit spritzigen Anekdoten sicherlich geglänzt hätte, waren wir nur ein Häufchen Elend und vermasselten dem jungen Paar die fröhliche Stimmung. Sebastian hätte sich im Innersten bestimmt gewünscht, dass wir dem Ereignis in Düsseldorf fernblieben; der Vater bestand aber eisern darauf teilzunehmen. Manuel ist 2005 als erster von den dreien in Szene getreten und hat seine Kinder in den Schatten gestellt. Ja, eine Krankheit kann man nicht herbeizaubern, und dennoch verließ mich nicht das Gefühl, er bezwecke damit, meine gesamte Aufmerksamkeit an ihn zu binden.

In der Zwischenzeit war ich über einige Tatsachen bezüglich seiner Krankheit aufgeklärt worden: Bis zu seinem Lebensende – und das könne in 10 Jahren oder später sein – müsse er Blutverdünnungsmittel einnehmen, um der Bildung neuer Blutgerinnsel vorzubeugen, vor allem aber würden die Behinderungen, die Hemiparese rechts und die vollkommene Sprechunfähigkeit, bleiben. Seine linke Gehirnhälfte sei komplett zerstört, im Falle eines erneuten Schlaganfalls sei die rechte dran, und dann wäre auch seine linke, noch gesunde Körperhälfte geschädigt. Tolle Aussichten!

Mit den Kindern kamen wir zu dem Schluss, zur Schonung meiner Gesundheit, vor allem meines Rückens, sei es ratsam, mit Manuel nach Santiago umzusiedeln. Dort konnte ich Entlastung durch finanzierbare Hilfestellung im Haushalt und bei der Pflege bekommen. Im August flogen wir auf unbestimmte Zeit dorthin.

9. September 2005

Im Krankenhaus hatte ich fast täglich meine Notizen aufgeschrieben. Eines Tages hörte ich damit auf. Ganz plötzlich. Ich ertrug es nicht mehr, die Geschehnisse noch einmal durchzugehen, durchzukauen. Das Erlebte reichte. Und erstaunlicherweise fasste ich das Heft nicht mehr an. Ich hatte einen Horror davor. Noch einmal mich durchwühlen lassen? Nein, danke. Es sind uns Menschen doch Grenzen gesetzt. Starke Frau hin oder her. Ich war nun mal seelisch erschöpft, gab und leistete, was ich konnte, musste aber mit meinen Kräften haushalten.

Inzwischen sind fünf Monate vergangen. Sechs seit dem Ereignis. Es geschah an einem 9. März und heute schreiben wir den 9. September. Es ist immer noch hart, fast unerträglich, unverständlich, sogar unfassbar. Dabei erleiden weltweit Millionen Menschen jährlich dieses Schicksal. Schlaganfall. Der Schlag, der das Leben von Grund auf verändert. Das des Betroffenen und seiner Angehörigen, in meinem Fall der Ehefrau.

Dabei geht es uns ja noch relativ gut. Eine liebe, geschickte, fleißige Krankenschwester steht uns täglich nebst einem Dienstmädchen zur Verfügung. Mein Mann braucht ja Verpflegung rund um die Uhr. Er geht inzwischen sehr gut mit Hilfe eines Vierkantstocks. Der Arm taugt noch zu gar nichts. Und mit der Sprache hapert es enorm. Manchmal werden wir aus seinem *Nanana* nicht schlau. Er gestikuliert zwar tüchtig, moduliert, benutzt Handzeichen, aber es hilft alles nicht. Und dennoch muss ich sagen, dass er uns immer etwas Bestimmtes, Sinnvolles mitteilen will.

Zum Beispiel heute. Ich versuchte, die möglichen Sachgebiete anzusprechen. *„Meinst du etwas von den Therapien?"* „Nein!" *„Etwas bezüglich Cristina* (der Krankenschwester)?" „Nein!" *„Vielleicht beziehst du dich auf die Häuser?"* (denn ich war auf Haussuche) *„Ja."* Und er bewegte die Hand, um mir anzudeuten, dass ich nahe dran wäre. *„Soll ich den Versuch unternehmen, das Haus zu besichtigen, das wahrscheinlich schon verkauft ist, mir aber der Beschreibung nach zusagt?"* „Nein." Weiter bin ich nicht gekommen. Wir geben auf. Denn diese Laut-

Mimik-Gespräche sind sehr anstrengend. Sie erfordern hohe Konzentration, das Herausfinden von Themen, die in Frage kämen. Sie erschöpfen mich, frustrieren uns beide. Und das tut uns nicht gut. Also wechseln wir zu etwas anderem über.

Aber was hat er mir sagen wollen? Ein paar Stunden später stellt es sich heraus, als ich ihm offenbare, dass ich kurz Einiges einkaufen, sowie die Zeitung mit den Immobilienannoncen holen möchte. *„Jaaaa!"*, schreit er auf. *„Ach so, das wolltest du mir vorhin sagen! Entschuldige! Du denkst aber wirklich an alles!"* Das stimmt überhaupt nicht, denn sein Dasein beschränkt sich nur auf ihn selbst. Er sieht kaum über seinen eigenen Horizont hinweg. Dazu gehört selbstverständlich das Heim, das wir uns anschaffen wollen.

Gestern waren wir auf Marias Kindergeburtstag. Bevor wir uns auf den Weg machen, zeige ich ihm, dass ich die soeben von unserem Sohn Sebastian angekommenen Fotos in meine Tasche stecke, um sie auf der Party meinen Geschwistern zu zeigen. Wir fahren hin, setzen uns, und ich quatsche fröhlich mit den Anwesenden. Nach einiger Zeit sucht mein Mann nach etwas. Es ist meine Tasche. Ich erkläre meiner Schwester, dass er immer um meine Tasche besorgt ist, da sie wertvollen Inhalt birgt, mir manchmal sozusagen als Büro dient. Er möchte diesmal aber nicht nur das Vorhandensein der Tasche kontrollieren, sondern sie vor sich gestellt bekommen. Er öffnet sie und schaut hinein. Ich denke, er möchte feststellen, dass nichts abhandengekommen ist. Dabei weiß er doch gar nicht, was sich dort im Einzelnen befindet. Also schaue ich in meine Tasche. *„Ach ja! Die Fotos!"* Nun sehe ich den Umschlag und weiß, was er suchte, woran er mich erinnern wollte, denn ich hatte – wie so oft – vollkommen vergessen, dass ich die Hochzeitsfotos dabei hatte. Er muss sich ja um sehr wenige Dinge kümmern, während ich die Finanzen, nebst den alltäglichen Angelegenheiten manage. Seine Welt reduziert sich auf seine persönlichen Bedürfnisse. Wenn er einmal eine Frage nach seinen Kindern stellt, so handelt es sich um eine Ausnahme. Es schmerzt unglaublich, dass sich der Umfang seiner Interessen so verkleinert hat. Man könnte es für Egoismus halten, aber nein, sein Gehirn ist durch den Schlaganfall geschädigt und unfähig, über bestimmte Grenzen hinweg zu denken, zu agieren. Dennoch ist es für mich nicht leicht, mit diesem Defizit zurechtzukommen. Ich kann bei seinen *Gesprächen* immer davon ausgehen, dass er etwas mitteilen möchte, das in seinen Lebensbereich fällt. Das Suchen nach dem Thema ist dementsprechend nicht sehr weitreichend, was seinerseits die Kommunikation vereinfacht. Zu erleben, dass er nie eine Frage zu meinem Befinden stellt, nie nach seinen Kindern fragt, die ihrerseits rührend oft anrufen, um sich nach ihm zu erkundigen, das tut im Innersten weh.

Man muss andrerseits mit einigem zu Rande kommen, das früher nicht zu unserem Leben gehörte. Vor allem Schmerzen, leibliche Schmerzen. Seit sechs Monaten höre ich seine Klagen darüber. Wenn ich ihm Tabletten als Abhilfe anbiete, so lehnt er ab. Ich sage ihm - und der Neurologe ebenso -, er müsse konsequent sein: Entweder nimmt er Medikamente gegen die Schmerzen ein, oder er erträgt sie still und leise. Aber nein, weder das eine noch das andere tut er! Er jammert und jammert, tagein, tagaus, Woche für Woche, Monat für Monat, tagsüber und nachts, bei Sonnenschein und bei Regen. Es ist kein Zusammenhang festzustellen zu klimatischen Ursachen oder zu Überanstrengung. Vielleicht zu seelischen Konflikten, ja, wenn wir beide uns gestritten haben. Muss ich alles schlucken? Muss ich alles wortlos mit Haltung ertragen? Muss ich diese Fähigkeit besitzen oder gar entwickeln, wenn ich sie von Natur aus nicht in die Wiege gelegt bekommen habe? Ich schaffe es nicht. Manchmal sage ich ihm meine Meinung. Ist das falsch? Kann er gar nicht reagieren oder kann er nicht anders agieren, als er es tut, eingeschränkt durch den Verlust unzähliger Nervenzellen? Ich denke mir, es ist nicht fair, sein egoistisches, eintöniges Verhalten ertragen zu müssen. Man sollte ihn in seine Schranken weisen, oder doch nicht? Wenn ich ihm erkläre, dass sich das Leben ja nicht nur für ihn geändert hat, dass auch meins, obwohl in voller Gesundheit, nicht das gleiche ist wie früher, dann nickt er. Ob er etwas verstanden hat, bezweifle ich. Er sieht ja nur sich selbst und sein Leiden in dieser Welt, sonst nichts.

Die Schmerzen werden durch Spastik verursacht. Wahrscheinlich wird er sie nie mehr los. Ich also auch nicht. Ich spüre die Schmerzen ja nicht, aber sein Wehklagen geht mir durch Mark und Bein, und vor allem durch meine Psyche. Ich kann ihm nicht helfen, fühle mich überfordert. Was unternehme ich nicht alles, damit es ihm gut geht, oder so gut wie möglich! Und dennoch fehlt ihm etwas! Aber was? Was soll ich noch auftischen? Ich lese von der Burgenko Wassertherapie, aber die wird nur in den USA an ausgewählten Orten angeboten. Ich lese von Biofeedback, aber wer soll mir das hier in dem kleinen südamerikanischen Staat bieten? Es ist zum Verzweifeln! Ist er nicht zur Genüge gestraft mit der halbseitigen Lähmung, mit der Sprechunfähigkeit, d.h. mit der Isolation von der restlichen Menschheit, muss er obendrein noch physische Schmerzen erleiden? Die Neurologen geben sich zaghaft bis machtlos. Wenn man Schmerzmittel verschreibt, heißt es, sind Nebenwirkungen nicht auszuschließen. Sein Mitwirken an den Therapien sei gefährdet, sein Willenszustand eventuell gedämpft.

Ich ringe mich dazu durch, ihm ein bestimmtes Schmerzmittel eine Woche lang zu verabreichen. Ich sage mir, es ist nicht mehr zu ertragen, dass er fünf bis sechs Mal pro Nacht aufwacht, sich im Bett aufsetzt, wozu er meine Hilfe benötigt, dass weder er noch ich durchschlafen können, dass wir beide doch die Erholung durch den Schlaf benötigen, dass die Schmerzen aufhören müssen. Er lässt sich die Tropfen eintrichtern als wären sie Gift. Die Schmerzen lassen ein wenig nach, nicht wesentlich. Dafür verändert er sich in seinem Wesen und im Verhalten. Er ist nicht mehr er selbst, sodass wir den Versuch nach einer Woche abbrechen. Wir leben weiter mit den Schmerzen, mit dem ewig sich wiederholenden Thema des Wehleidens.

Oft muss ich die Krankenschwester in Schutz nehmen. Wenn es nach Manuel ginge, so müsste sie 24 Stunden zur Verfügung stehen. Sklavenhaltung. Sie hat sich soeben zu einem Nickerchen niedergelegt und soll nun zur Massage erscheinen. Ich versuche, ihm klarzumachen, dass sich ihre Arbeitszeit auf acht Stunden täglich beschränkt. Er wirkt verständig. Dennoch soll sie mit zu seinen Therapien, soll dabei sein, um andere Techniken zu erlernen. Ich wiederhole, dass sie auch Erholung braucht, dass wir mit ihren Kräften haushalten müssen. Er verzichtet auf ihre Anwesenheit.

Gestern fuhren wir zur Handklinik. Der Plan war, dass Manuel ohne Rollstuhl, nur mit Stock, bei uns zu Hause den Fahrstuhl hinunterfährt und ein paar Schritte bis zum Auto geht. Er soll sich von dem Hilfsmittel lösen, so viel wie möglich gehen. Großes Gezeter, der Herr möchte partout nicht ohne seinen Stuhl von dannen. Also fahren wir ihn im Rollstuhl sitzend bequem hinunter. Er setzt sich um in das Auto, Cristina kehrt in die Wohnung zurück. Als Manuel das bemerkt wird er nochmals wütend, zum ersten Mal überrascht er mich damit, dass er die Handbremse zieht. Da ich sehr langsam fuhr, war es nicht weiter schlimm. Ich gebe nach, fahre ums Karree, um Cristina wieder einzuladen, die noch nicht ins Gebäude hineingegangen war. Kaum sind wir 20 Meter gefahren, wird Manuel schon wieder zornig. Er zieht noch mal die Handbremse. Nun verstehe ich erst genau den Grund für seine Wutausbrüche. Er fühlt sich hintergangen, nicht weil Cristina nicht mitgekommen ist, sondern weil der Rollstuhl nicht mitfährt. Es ist verständlich, dass er sich sicherer, d.h. mobiler fühlt, wenn der Rollstuhl dabei ist. Ich erkläre ihm, dass er doch schon immer in die Handklinik auf eigene Faust, genauer, auf eigenen Füßen hineinspaziert ist, dass der Rollstuhl überflüssig ist. Er sieht es ein und willigt sogar darin ein, dass Cristina aussteigt und zu Hause auf unsere Rückkehr wartet.

Nun lese ich ihm aber die Leviten: So geht es nicht. Er darf nicht einfach die Handbremse ziehen. Das ist lebensgefährlich. Er nickt und verspricht, es nicht mehr zu wiederholen. Aber durch seine Handlungsweise wird mir klar, dass er die Mechanik und das Funktionieren bestimmter Dinge noch kennt. Denn wahrlich, was er sonst noch weiß, was er noch versteht, was er noch beherrscht, ist uns ein Rätsel. Er spricht ja nicht. Schreiben kann er auch nicht. Die Verbindung zwischen Gedanke und Ausdruck ist blockiert, er kann sie nicht mehr herstellen. Somit ist jeder spontane Ausdruck unmöglich. Wenn man ihm etwas sagt, mimt er Verständnis.

Er lernt ja auch hinzu. Zum Beispiel zeigt er nun auf seine Augen, wenn er seine Brille verlangt oder den Spiegel, in dem er immer wieder die Verzerrungen seines Mundes betrachtet. Vor einigen Monaten war es noch unmöglich, dass er mittels Gestik auf einen betreffenden Körperteil deutete, um ein Bedürfnis auszudrücken.

17. September 2005

Es ist ein Kampf. Ein ewiger Kampf. Sind alle neurologischen Patienten so stur? Manchmal könnte ich ihn erwürgen, erdrosseln, kleinhacken, in Stückchen schneiden, martern, foltern, gegen die Wand schmeißen. Ja, es reicht. Es ist wunderschönes Wetter. Die Sonne scheint. Es herrscht eine angenehme Temperatur. Ich möchte aufs Land fahren. Nein, er will nicht. Er hat Angst vor der Kälte, was soll er dort, denn das Einzige, wofür er lebt, sind seine Therapien. Dass diese Eintönigkeit mich langweilt, dass ich Abwechslung brauche, dass ich mich darauf freue, das spielt für ihn alles keine Rolle. Das Leben muss sich nach ihm richten.

Cristina schlägt vor, wir sollen in die Altstadt fahren, da sind samstags Darbietungen um einen kleinen Antiquitätenmarkt herum. Darauf bekommt er Lust. Ja, er möchte hin. Wir sagen, okay, aber nur mit Stock, ohne Rollstuhl. Er argumentiert, er humple dann durch die Gegend und er brauche ja den Rollstuhl. Ich sage: *„Gut, ich willige darin ein, dass wir den Rollstuhl vorsichtshalber im Auto mitnehmen. Du gehst hier bis vor die Haustür, steigst ins Auto, und am Markt fahre ich dich vorne ran, damit du wenig zu gehen hast. Dort gibt es auch Bänke, auf denen du dich immer wieder ausruhen kannst."* Nein, er will nicht. Es wäre ja auch eine Premiere. So etwas hat er noch nie gemacht. Aber irgendwann müssen wir damit beginnen!

Gestern hat er mir noch versprochen, dass er im Sommer mit mir an den Strand geht, dass wir unseren Enkel Max dorthin begleiten werden. Wie soll er das schaffen, wenn er nur die paar Schritte in der Wohnung zurücklegt? Es fehlen nur einige Monate bis dahin. Er muss üben. Wie kriege ich ihn dazu?

Dann sage ich mir wieder, er braucht Zeit. Die Entwicklung ist langsam. Und große Fortschritte hat er bereits geleistet. Die er natürlich nicht honoriert. Er zuckt nur abschätzig mit der Schulter, wenn man ihn darauf anspricht. Irrsinnig frustrierend für uns, die ihn ständig begleiten, unterstützen, immer wieder etwas ausdenken, um ihn von den Schmerzen zu befreien oder sie zu lindern suchen. Wir brauchen ein kleines Feedback von ihm, in der Form eines Lächelns z.B. Aber er ist so geizig damit. Egal ob Therapeut, Krankenschwester oder ich als Ehefrau, wir bitten ihn alle inbrünstig um ein Zeichen von Gefühlen, von Anerkennung, von Wohlbefinden. Er scheint eingekerkert in seinem Turm des frostigen, eisigen Fühlens. Ist er dermaßen verarmt, dass er nichts mehr geben kann, aber vor allem auch nicht einmal die Fähigkeit besitzt, wahrzunehmen, welche Bemühungen von unserer Seite kommen? Man prallt immer wieder an seiner starren, glatten Rüstung ab. Ist seine Gefühlswelt abgestorben? Ich flehe ihn an, mich zumindest anzuschauen, wenn ich mit ihm rede! Was ist da oben an der Decke so Hübsches, Interessantes zu bewundern, dass er mich keines Blickes würdigt? Natürlich nichts. Aber sich mit dem Nichts statt mit einem lebendigen Wesen zu befassen, ist viel einfacher, als sich mit der Realität auseinandersetzen zu müssen. Eine Streicheleinheit seinerseits, ein Küsschen, ein liebevolles Augenzwinkern sind eine Seltenheit. Wie soll ich geben, wenn ich nie etwas bekomme? Wie lange werde ich durchhalten können?

Sein Gefühlsleben ist dermaßen abgestorben, dass es ihm wenig ausmacht, dass Cristina gegangen ist. Den neuen Krankenpfleger nimmt er an, als wäre er ein Roboter oder ein Sklave. Dabei schien er an Cristina zu hängen. Sie verstanden sich sehr gut. Ich hätte nicht geglaubt, dass Manuel den Wechsel so leicht hinnehmen würde. Auch den jungen Krankengymnasten, der Manuel zum selbständigen Gehen, sogar ohne Stock, gebracht hat, vermisst er nicht. Er nimmt den neuen auf, als wäre er schon immer da gewesen. Ein weiteres Zeichen für seine zunehmende Gleichgültigkeit, seine verheerende Gefühlskälte.

Ich muss mich wohl an den Gedanken gewöhnen, dass mein Leben nun einen neuen Inhalt hat. Es gibt ja viel schlimmere Fälle. Man nehme nur die Kinder, die behindert auf die Welt kommen, die nie das Leben in vollen Zügen genossen haben, noch je genießen werden. Ein aussichtsloses Leben in unseren Augen. Nicht so vielleicht in den Augen der Eltern oder des Kindes selbst.

Inzwischen durch die Umstände gereift, sage ich mir nun, das unbeschwerte Leben, das wir führten, konnte ja nicht ewig andauern. Es war zu schön, um wahr zu sein. Krankheit, Tod, Katastrophen waren uns fern geblieben. Wie viele Menschen erleiden nicht schlagartige Veränderungen durch einen Unfall, an dem sie überhaupt keine Schuld tragen? Es ist schwierig, sich mit diesem Schicksal abzufinden, aber es bleibt mir nichts anderes übrig. Es handelt sich um eine harte Prüfung. Sie wiederholt sich täglich. Sie ist nie abgelegt, nie bestanden, eher das Gegenteil. Soll ich an ihr reifen? Wozu? Zu welchem Zweck? Habe ich bis dato zu leichtsinnig, zu bequem gelebt? Soll mir das Ganze mehr bringen als nur Schmerz? Womit habe ich es verdient? Oder überhaupt, warum ich und nicht jemand anderes? Habe ich egoistischer gelebt als die anderen? Soll es Strafe oder Läuterung sein? Ein Besserwerden wofür? Soll ich etwa noch Großes leisten? Das kann ich nicht glauben. Also nur die Belehrung und das Korrigieren an einem Menschen um der Tatsache willen? Masochistisch bin ich noch nie gewesen!

22. Oktober 2005

Fortschritte werden nicht errungen. Sie werden erkämpft! Und zwar von uns. In kleineren und größeren Schritten.

Zuerst ging er mit meiner Hilfe. In Frankfurt, im Juli, hob ich sein Bein, damit er sich vorwärts bewegen konnte. Auch beim Treppensteigen oder Hinuntergehen half ich mit. Seit August hebt er nun das Bein selber, stützt sich auf einen Stock mit vier Füssen. Seit September geht es auch ganz ohne Stock, aber zur Sicherheit wird er noch immer benutzt.

Das Gehen bedeutete nicht selbstverständlich, dass nun der Rollstuhl ad acta gelegt war. Aber peu à peu haben wir auch ihn abgeschafft. Er fährt also stehend im Fahrstuhl hinunter und geht an den Straßenrand, um ins Auto zu steigen. Da die Straße sehr befahren ist, gelingt es mir (bis dato nur einmal!), dass er den anderen Hauseingang hinausgeht, wo er zusätzlich noch eine Treppe bewältigen muss. Es sind Fortschritte, die für uns alle sehr viel bedeuten. Der nächste Schritt wäre, dass er nicht mehr mit diesem wulstigen Stock geht, sondern einen einfachen zur Hand nimmt. Dies würde ein neues Stück Freiheit und Sicherheit bedeuten. Im Allgemeinen sind diese Fortschritte, wenn sie einmal erreicht sind, etabliert. Es gibt kein Zurück mehr in frühere Phasen. Einmal geschah es dennoch, ein paar Tage lang, als er wieder den Rollstuhl benutzen musste, weil er angeblich einen verstauchten Knöchel hatte.

Im Grunde genommen wechseln die Schwerpunkte seiner Schmerzen. Der Knöchel war nach einigen Tagen kein Thema mehr, dafür traten Schmerzen entlang der Innenseite des Beines auf. Oder war es Taubheit? Ich werde nicht immer schlau aus seinen Beschreibungen. Vielleicht fluktuiert es auch. Manchmal Gefühllosigkeit kombiniert mit Muskelschwäche, dann wieder Schmerzen. Das alles behindert sein Laufen, somit auch sein und unser Wohlbefinden. Und dabei muss er sich bewegen, raus aus dem Bett, in das er immer wieder flüchtet, obwohl er nicht schlafen kann.

Er, der keine Schmerzmittel einnehmen möchte, bittet mich eines Nachts um die Schlaftabletten. Damit wir beide besser schlafen, habe ich uns eine leichte Schlaftablette verabreicht. Und zwar ganz offen vor seinen Augen habe ich eine genommen und ihm auch eine angeboten. Er akzeptierte. Ich wollte die Wirkung am eigenen Leibe erproben. Nach drei bis vier Nächten brach ich das Experiment ab, obwohl eine erholsame Wirkung eingetreten war. Da verlangte Manuel nach der ausbleibenden Tablette, die ich ihm gewährte. D.h. auch er hatte bemerkt, dass er tiefer und länger geschlafen hatte.

Man muss ihn immer wieder fordern. Zumindest ist das meiner Meinung nach die einzige Möglichkeit, ihm Leistungen abzuverlangen. Wir sind zu einer Hochzeit eingeladen. Er ruht sich den ganzen Nachmittag lang aus. Wir ziehen uns an. Er steht auf, geht ein wenig und sagt: *„Nein, es geht nicht!"* Ich flehe ihn an: *„Bitte, streng dich an. Es wird dir gut tun, aus deinen vier Wänden herauszukommen, etwas anderes zu sehen, unter Menschen zu gelangen!"* Er willigt ein. Er kommt mit. Es ist geschafft. Und er meistert die ganze Nacht vortrefflich. Steigt einige Stufen hier hinauf, dort hinunter, wir kehren schließlich um 3 Uhr morgens nach Hause zurück.

Oder er meint, er könne die Treppe nicht erklimmen. Nein, heute geht es partout nicht. Mit viel Geduld und Überredungskunst schafft er sie dann doch. Man muss ständig gegen seine Sturheit ankämpfen. Handelt es sich um seine Eigenheit, eine Charaktereigenschaft, oder ist es allgemein so, dass neurologische Patienten schwieriger werden in ihrer Verhaltensweise? Wenn er sich bloß fügen würde! Wenn ich nicht ständig gegen seinen Willen auftreten müsste!

Einerseits will er ganz offensichtlich das Verlorene wieder erlernen. Mit den Therapeuten arbeitet er mit, als ginge es um eine Auszeichnung. Nicht so im häuslichen Ambiente. Da lässt er sich gehen. Es ist für uns sehr aufreibend, ihm immer wieder klar zu machen, wie wichtig die Übungen für ihn sind. Während er bei den Therapien keine Anstrengung meidet, lässt er sich bei uns hängen. Jede seiner Leistungen können wir als einen Triumph verzeichnen, der nicht nur seinen Schweiß, sondern auch unseren gekostet hat!

Ich habe mich mit meiner Schwester verabredet. Wir sollen bei ihr vorbeikommen. Ich teile es Manuel mit. Ein entschiedenes „*Nein*" erhalte ich zur Antwort. Er sei zu müde. Also muss ich meine Schwester anrufen und sie bitten, zu uns zu kommen. Dabei wollte ich doch gerade, dass er rauskommt. Aber nein, der Herr weigert sich. Aber es ist nicht nur Müdigkeit, Trägheit, Faulheit, die ihn zu seiner Weigerung führen. Er scheut natürlich das Gehen von unserer Wohnung bis zum Auto, dann das Marschieren vom Fahrzeug bis zu Bertas Wohnzimmer. Es kommt sicherlich noch eine Überlegung hinzu. Die Krankengymnastin hat angerufen und mitgeteilt, sie komme um halb sechs. Er möchte in den Therapien glänzen. Deswegen geht er davor sparsam mit seinen Energien um. Er hat gelernt, seine Kräfte schonend einzusetzen, mit ihnen hauszuhalten. In den letzten Monaten hat er eine Strategie entwickelt, um in den Therapien immer möglichst fit zu sein.

Ich gelange zu folgendem Schluss: Es hat keinen Sinn mehr, auf seine Schmerzen einzugehen. Ich werde mich nicht mehr verrückt machen mit überstürzten Arztbesuchen, weil wieder mal neue Schmerzen in einem anderen Körperteil aufgetaucht sind. Eine greifbare Ursache ist nicht vorhanden. Schon in der Reha waren die Neurologen nicht auf seine Schmerzen eingegangen. Ganz eindeutig, weil man sie nicht ausschalten kann. Ich nehme mir vor, ihn zu beschwichtigen und basta. Ob das klappen wird? Weiß ich nicht, aber auf jeden Fall weiß ich, sie werden immer wieder auftreten, mal hier, mal da, und er wird sie ertragen müssen. Abhilfe kann ich kaum schaffen. Er muss lernen, mit den Schmerzen zu leben. Wie er sich dazu äußert, kann ich nicht mehr ertragen.

Ich frage ihn, ob er Vertrauen in mich hat. Er versichert mir, es sei so. Gott sei Dank! Wenn er eines Tages kein Vertrauen mehr haben sollte, was dann? Lieber nicht daran denken!

Katharinenkloster

Mein Mann arbeitete eine Zeit lang in Israel, inmitten der Wüste Negev, wo drei Jahre zuvor der Sechstagekrieg getobt hatte. Auf Panzern, die in der Einöde liegengeblieben waren, sprangen Beduinenkinder herum und spielten Krieg. Sie hatten auch dafür gesorgt, dass die neu verlegten Telefonkabel nicht ordnungsgemäß funktionierten: Die Kleinen machten sich einen Spaß daraus, aus den noch nicht verdeckten Muffen den Druck entweichen zu lassen. Das Zischen war eine lustige Abwechslung in ihrem eintönigen Dasein. Welchen Schaden sie anrichteten, war ihnen nicht bewusst, auch nicht, wie viele Ingenieure sich wegen des mysteriösen Gasverlustes den Kopf zerbrachen. Bis mein Ehemann erschien und den Jungen auf die Schliche kam – allen technischen Trugschlüssen zum Trotz.

Mein Gatte hatte sich in seinem religiösen Eifer vorgenommen, das aus dem 6. Jahrhundert stammende Katharinenkloster auf der südlichen Sinai Halbinsel zu besuchen. Denn dort, auf dem 2.285 Meter hohen Berg Sinai, hat Moses von Gott die Gesetzestafeln in Empfang genommen. An einem Samstag stiegen wir also in den VW Passat und fuhren auf der erst kürzlich von den Israelis in Windeseile gebauten Asphaltstraße durch die Wüste und anschließend die Küste des Golfs von Suez entlang. Mein Mann kam mit den nur hebräisch beschriebenen Schildern gut zurecht. Er hatte in Beer Scheva einen Sprachkurs für Ausländer besucht, und die erworbenen Kenntnisse reichten zur Entzifferung der Beschriftung aus, auch wenn er das Auto dafür kurz anhalten musste! Wir erreichten einen Militärposten, der uns passieren ließ und bogen bald in die ca. 100 km lange, kaum erkennbare Wüstenfährte ab, deren einzige Markierung aus Steinhäufchen bestand. Die, wie konnte es anders sein, verschwanden des Öfteren in den Händen der besagten Beduinenkinder, die sich einen Scherz daraus machten, Ortsunkundige in die Irre zu leiten. Es dauerte nicht lange, und wir standen unschlüssig in diesem Sandmeer, in der glitzernden Sonne; nirgendwo war eine Menschenseele, geschweige denn eine

Behausung zu erblicken. Dann errieten wir doch den Weg, aber das nächste Hindernis bot sich schon bald: Das Auto blieb stecken, die Räder drehten durch, es ging weder vor- noch rückwärts. Der sandige Untergrund wollte uns nicht freigeben. Was nun? Keine Hilfe in Reichweite, in Sichtweite. Kein ADAC, den wir hätten benachrichtigen können. Kein Handy zur Hand, die gab es damals noch nicht, kein GPS. Wir mussten warten, ob aus dem Nichts ein Retter erschiene, denn auch Schieben hatte keinen Erfolg gebracht. Ich legte mich also in die Sonne und döste vor mich hin. Unsere Geduld zahlte sich aus: Nach ungefähr einer Stunde erschien ein Jeep mit israelischen Soldaten. Sie zogen uns aus den Sand, monierten, dass wir weder genügend Benzin in Reserve hätten noch Wasser. Dies betrachteten sie als Kapitalfehler. Kurz und gut: Sie schickten uns zurück. Und wir gehorchten, denn zum Kloster wollten sie uns nicht mitnehmen.

    Mein Ehemann gab sich aber nicht so einfach geschlagen. Für das folgende Wochenende mietete er dann einen Jeep, füllte Kanister mit Benzin und Wasser. Auch Essen hatten wir diesmal dabei. Wir wollten uns nicht noch einmal einer Rüge aussetzen. Die schon bekannte Route legten wir problemlos zurück, nur war die Höchstgeschwindigkeit des ein wenig heruntergekommenen Jeeps beschränkt. Wir begaben uns tapfer auf die Sandfährte, wo wir ein paar Mal steckenblieben, mit Hilfe der besonderen Radeinstellungen aber wieder vorankamen. Unterwegs holten uns wieder Militärs ein, die wir anflehten, uns doch sozusagen ins Schlepptau zu nehmen, denn die Wegmarkierung war äußerst verwirrend. Da hatte Manuel es mit der Entzifferung der hebräischen Schilder einfacher gehabt! Nicht gerade erfreut willigte der Kommandant ein. Es wurde eine tolle Fahrt! Die Israelis kannten die Strecke genauestens und rasten für unsere Begriffe über den sandigen Boden. Mein Mann konnte kaum mithalten und verlor mehrmals den Sichtkontakt durch Hügel auf der Strecke. Doch unsere Gastgeber waren so freundlich, stehen zu bleiben und auf uns zu warten. An einer Oase machten sie Halt. Wir stiegen alle aus und bekamen von den Beduinen, Arabern, in kleinen Schälchen Kaffee gereicht, dem Kardamom beigemischt war. Es war mein erster Kaffee dieser Art. Das Gewürz verstärkt die Wirkung des Koffeins, in der Hitze ein willkommener Effekt. Dann ging ich in den Garten. Hier wuchsen inmitten der Wüste prächtige rote Rosen. Es war wie im Paradies, wo uns doch kurz vorher nur Sand und noch mehr Sand umgeben hatte. Wir fühlten uns überwältigt!

Eine Stunde später waren wir bei der Klosteranlage angelangt. Man könnte sie eher als Festung bezeichnen, denn sie ist von einer mächtigen Mauer umgeben. Den Schutz haben die Mönche im Verlauf der Jahrhunderte immer wieder nötig gehabt. Wir wurden in einer Kammer untergebracht, speisten im Refektorium und durften die berühmte Bibliothek besichtigen, die reichhaltigste in puncto religiöse Schriften nach der Vatikanbibliothek. Als ich in späteren Jahren die Verfilmung von Umberto Ecos *Im Namen der Rose* sah, fühlte ich mich in diese Bibliothek zurückversetzt. Es war das gleiche Ambiente, ebenso schaurig, ebenso mysteriös, ebenso verwunschen.

Am nächsten Morgen besichtigten wir den *brennenden Dornbusch* oder einen Nachfahren des in der Bibel erwähnten. Wenn die Morgensonne auf die Tautropfen der Zweige fällt, gewinnt man den Eindruck, der Busch brenne. An dieser Stelle soll Jahwe das erste Mal zum Schafhirten Moses gesprochen und ihn aufgefordert haben, die Kinder Israel aus Ägypten zu führen und sie hierher zu bringen. Bekannt ist der Ort aber vor allem, weil Gott ihn ausgesucht hatte, um Moses die Gesetzestafeln zu überreichen.

Wir waren die einzigen Besucher im Kloster. Deswegen die privilegierte direkte Aufnahme durch die Mönche. Inzwischen bleiben sie vollkommen zurückgezogen, denn sie können sich vor Touristen nicht mehr retten. Eine bequeme Asphaltstraße führt die Busse reihenweise zum 1585 Meter hoch gelegenen Bauwerk. Ein weiter Parkplatz steht den Fahrzeugen zur Verfügung.

Die Romantik, die Verlassenheit, die Mystik, die Nähe zu Gott, an den man glauben mag oder nicht, sind nun 40 Jahre später verschwunden. Stattdessen herrscht Rummel an einer von Christen und Juden ebenso wie Moslems verehrten religiösen Stätte, die 2002 von der UNESCO zum Weltkulturerbe erhoben wurde.

25. Oktober 2005

Mal wieder Schmerzen oder Kraftlosigkeit im Bein. Dabei hebt er es gut, geht ziemlich gleichmäßig, sein Arm ist nicht mehr so verspannt. Ja, sein Arm hatte mir seit August Sorgen bereitet. Manuel hielt ihn gebeugt auf Brusthöhe. Deswegen gingen wir zwei bis dreimal die Woche zu einer speziellen Handklinik. Es waren praktisch keine Fortschritte zu erkennen. Aber dann wurde der Arm plötzlich beweglicher und er liegt jetzt im Sitzen auf seinem Schoß. Über diese Entwicklung bin ich sehr erleichtert. Dennoch verspannt er den Arm während des Gehens total. Diese Aktivität strengt ihn so an, dass er die ganze rechte Seite verkrampft.

In der Handklinik haben sie immer die gleiche Anwendung gemacht: Zuerst eine heiße Packung unter seine Schulter gelegt, damit sich die Muskeln entspannen. Dann einige Minuten mit Ultraschall behandelt. Danach fing die Krankengymnastin mit Übungen des Armes an. Inzwischen wird auf mein Verlangen hin direkt mit der Bewegung des Armes begonnen. D.h. er ist nun eine Dreiviertelstunde lang in aktiver Behandlung.

Ich weiß nicht, ob die Anfangsphase mit Fango erst ihre Früchte tragen musste. Man hatte mich gewarnt, es würde eine gewisse Zeit dauern. Das Resultat ist jedenfalls deutlich sichtbar. Der Arm ist beweglicher, obwohl der Ellenbogen noch ziemlich starr ist. Die Schulter dagegen schmerzt nicht mehr so intensiv wie früher. Ob Manuel irgendwann einmal seinen Arm wieder bewegen kann, ist fraglich. Bis dato ist es nicht zu erwarten. Dennoch muss er mobil gehalten werden, damit die Artikulationen nicht verknöchern. Wenn das passiert, treten starke Schmerzen auf. Und man kann nichts mehr dagegen unternehmen. Die Artikulation wird starr. Nur Bewegung hilft dagegen.

Heute möchte Manuel mal wieder nicht zur Gymnastik der Krankenkasse. Ich muss meine ganze Überredungskunst anwenden, bis er endlich doch hinfährt. Und er macht prima mit. Es ist sehr anstrengend für ihn, immer wieder schaut er auf meine

Uhr, will in Erfahrung bringen, wie lange die Tortur noch dauert. Da die Stunde in Wirklichkeit auf eine Stunde fünfzehn Minuten ausgedehnt werden kann, wende ich einen Trick an, um das Maximum herauszuschinden: Ich stelle meine Uhr ein paarmal um einige Minuten zurück! Bis dato hat er meine Täuschung noch nicht entdeckt. Er hält gut durch, geht am Ende noch bis zum Auto und später zu Hause die Strecke vom Auto über den breiten Bürgersteig ins Gebäude hinein. Er ist danach aber sehr erschöpft und legt sich ungefähr zwei Stunden hin. Das gönne ich ihm natürlich.

Ich frage eine Patientin, ob sie auch wie Manuel die Schwankungen in der Beinkraft verspürt hat. *„Ja, ja"*, beteuert sie.

Manuel hört viel klassische Musik. Er genießt sie richtig. Er geht mit dem Körper mit, dirigiert mit der Hand. Manchmal weint er dabei, das tat er aber früher auch schon. Er verbindet jetzt wahrscheinlich Erinnerungen an dieses Musikerlebnis. Es handelt sich um einen passiven Genuss, bei dem er nicht viel leisten muss. Kein Wunder, dass diese Empfindung intakt geblieben ist: Das Musikzentrum befindet sich in der rechten, der bei ihm intakten Gehirnhälfte.

31. Oktober 2005

Unsere Tochter Ines hat ein liebes Mail geschrieben, in dem sie betonte, wir seien gute Eltern und sie würde immer zu uns stehen. Daraufhin habe ich geantwortet, dass ich ja immer der Meinung war, zwei Einzelkinder aufgezogen zu haben, da meine beiden Kinder sechs Jahre auseinander sind. Ich hätte aber nie gedacht, dass ich es zu einem dritten Einzelkind bringen würde. Der Unterschied zu den beiden anderen besteht lediglich darin, dass sich mein drittes nie zu einem vollwertigen Menschen entwickeln wird. Die Belohnungen, die ich nun in Form von winzigen Fortschritten oder einfach Lächeln und Glücksempfinden erhalte, sind äußerst spärlich.

Auf geistigem Gebiet geht es ein wenig voran. Manuel besitzt inzwischen die Fähigkeit, eine Idee mit einer Gestik zu kombinieren. Das ist neu. Wenn er seine Brille brauchte, war er nicht imstande gewesen, auf seine Augen oder von mir aus auf meine Brille zu deuten. Er gestikulierte in der Luft herum, gab Laute von sich, und man musste erraten, was das alles bedeuten sollte. Inzwischen berührt er seine Augen. Andrerseits, wenn er nach seinem Handtuch verlangt, das wir ihm als Serviette um den Hals binden, streichelt er seine Brust. Neulich fuhren wir aufs Land, und er deutete konstant auf unser Schlafzimmer, ich solle doch von dort etwas mitnehmen. Sehr viel zur Auswahl liegt dort nicht herum, ich kam aber nicht darauf, was er meinte. Ich lud ihn schließlich ein, ins Zimmer zu gehen, um selber nachzuschauen. Siehe da, er meinte die Schlaftabletten, die in der Schublade des Nachttischchens liegen! Also merkt er selber, dass sie ihm gut tun. Er erinnert sich wohl an die letzten zwei Nächte, wo er um ein Uhr morgens fernsehen wollte, weil er keinen Schlaf fand! Und tatsächlich habe ich ihn zwei Stunden vor den Fernseher gesetzt und selber im Bett gelegen, ohne mich richtig erholen zu können.

Oder ihm ist kalt. Er zeigt missmutig um sich herum. Ich erkläre ihm, dass die Heizperiode vorbei ist. Im Zimmer weist das Thermometer immerhin eine Temperatur von 23 Grad auf....

1. November 2005

Heute wurde ein Doppler seiner Beine gemacht. Das Resultat fiel wie von mir erwartet aus: Keine Thrombose. Für ihn ist diese Nachricht nicht erlösend, ganz im Gegenteil: er fällt in eine Depression. Eine physische Erklärung seiner Krämpfe und seiner Schmerzen hätten ihn erleichtert, denn sie wären medikamentös oder sagen wir operativ zu entfernen gewesen. Dem ist aber nicht so. Ich wiederhole ihm also die vollständige Version seiner Läsion: Schlaganfall, Lähmung, Sprachverlust und die einzige Therapie: Bewegung. Das akzeptiert er nicht. Er hofft auf ein Medikament, auf einen Arzt, der ihn heilt. Ich renne also gegen eine Wand. Ich halte es nicht mehr aus, dass er zum millionsten Mal mit seinem Leiden am Bein anfängt. Er ist aber offensichtlich der Meinung, ich begreife ihn nicht. Aber es ist natürlich so, dass er mich nicht begreifen möchte oder kann.

Er ist depressiv, also versuche ich, ihm Antidepressiva zu verabreichen. Nein, er will sie nicht. Ich erkläre ihm, es sei kein Arsen. Nichts zu machen. Er würde ja schon so viele Medikamente einnehmen, was gar nicht stimmt, denn er bekommt nur drei plus ein Viertel Schlaftablette.

Dann meine ich, auch für sein Bein hätte ich ja Tabletten. Aha, die solle ich bringen. Er schaut sie sich an, auch den Beipackzettel, den er unmöglich lesen kann, aber akribisch durchforscht. Dennoch einnehmen tut er keine...

Er sitzt nur da, will nichts unternehmen, sich auch nicht hinlegen, schaut vor sich auf den Boden. Ich rede mit ihm. Frage ihn, ob er mich denn liebt. Er bejaht. Ich meine, er müsse es mir auch sagen. Und er sagt ganz alleine auf Spanisch: Ich liebe dich sehr. Daraufhin teile ich ihm mit, er müsse auch Beweise dafür erbringen. Und er lacht. Gibt zu verstehen, dass er genau merkt, worauf ich hinaus will. Für mich, für deine Kinder solltest du dich anstrengen, sage ich. Ist ihm alles egal. Na klar, er interessiert sich nur für sich selber.

Was soll ich tun? Ich drohe mit Krankenhaus, mit Altenheim, wo ihm intravenös eingespritzt wird, was er jetzt freiwillig nicht einnehmen möchte. Versteht er, was ich meine? Ich fordere ihn auf mitzukommen, zum Altenheim. Er will auch das nicht. Wie lange werde ich das noch durchhalten, aushalten? Er ist nur noch ein Wrack, ein Bruchteil seiner selbst.

 Es ist schlimm zu wünschen, es sei vorbei. Für mich ist dies eine unaufhörliche Marter. Und ich sehe kein Ende. Wie lange wird es noch dauern? Ein Jahr, fünf, zehn? Dann bin ich ja am Ende auch nur ein Wrack. Werde ich das zulassen? Aber kann ich ihn in ein Heim stecken? Bringe ich das übers Herz? Und mein Gewissen?

 Was ich derzeit alles für ihn tue, was ich alles durchhalte, das tue ich aus Pflichtgefühl. Nicht aus Liebe. Ich kann nicht anders. Es ist ein ethisches Empfinden. Ich kann ihn nicht einfach links liegen lassen. Diese Erkenntnis versetzt mich fast in Staunen. Ich empfinde auch eine übergroße Wut, ja, denn Schuld an seiner Krankheit trägt er selber. Dass er an einer Arrhythmie leidet, dafür kann er nichts, das ist klar. Sie war nämlich der Auslöser für die Blutgerinnsel, die selbständig ins Gehirn eindrangen und Blutgefäße verstopften, womit die Sauerstoffversorgung des Gehirns nicht mehr gewährleistet war. Dadurch sterben Nervenzellen ab, in seinem Fall die ganze linke Gehirnhälfte. Beim Schlaganfall kommt es auf eine schnell einsetzende Behandlung an. Sechs wertvolle Stunden waren vergangen, bis Manuel endlich im Krankenhaus lag. Ein Freund fand ihn zu Hause am Boden liegend, kam auch nur deshalb vorbei, weil Manuel nicht zur Verabredung erschienen war! Aber Manuel hatte die Warnsignale seines Körpers jahrelang nicht wahrhaben wollen. Ein Höhepunkt stellte 1998 die in Lissabon erlittene Thrombose dar. Obwohl sein Unterschenkel wie ein Luftballon anschwoll, bestand er darauf, in die Arbeit zu gehen und am Samstag sein Geschäftsessen in unserem Garten abzuhalten. Ich konnte mich nicht gegen seinen starken Willen durchsetzen. Erst am Montag suchten wir die Ärzte auf. Er hatte Glück gehabt, denn mit einer Thrombose ist nicht zu spaßen. Aber auch die Jahre davor hatte ihn der Hausarzt und Kardiologe immer wieder auf seine extrem hohen Cholesterinwerte hingewiesen. Er brüstete sich mit ihnen als wären es Auszeichnungen, die Tabletten aber ließ er konsequent liegen. Auch meine Ermahnungen bezüglich eines gesünderen Lebensstils mit mehr Bewegung, weniger Alkohol und Fetten in seinen köstlichen, aber schweren Gerichten, fanden kein Gehör bei diesem Genießer, der sich klar dem Hedonismus verschrieben hatte. Darf man aber als erwachsener Mensch so selbstsüchtig vor sich hin leben und seinen Partner mit ins Verderben ziehen? Diese Einstellung konnte ich ihm in den ersten Jahren seiner Krankheit nicht verzeihen, immer wieder stieg eine immense Wut in mir auf. Während man so dahinlebt, alles in geregelten Bahnen läuft, denkt man nie daran, welche schlimmen Überraschungen das Schicksal parat hält. Und sie sind hart. Kaum erträglich.

Ines hatte vor Wochen mitgeteilt, sie komme Weihnachten nicht, weil die ganze Situation bei uns sie zu sehr mitnimmt. Ihr Entschluss hat mir sehr wehgetan. Ich habe meinen Geschwistern nichts davon erwähnt, weil die Verletzung einfach zu groß war. Dann hegte ich die Hoffnung, Ines würde ihre Entscheidung überdenken und doch erscheinen. Inzwischen bin ich der Meinung, ich selbst werde ihr raten, nicht zu kommen. Manuel ist zu instabil. Seine Schwankungen treten mehrmals am Tag ein. Man kann sich nie sicher sein, wie lange seine Gemütslage anhält. Es ist besser, mein Töchterchen erlebt das gar nicht. Sie hat recht; was sie in Frankfurt mitbekam, muss reichen. Mit Sebastian ist es anders. Wenn er wirklich kommen möchte, soll er es tun. Er wird es leichter verkraften. Ganz einfach, weil er ein Mann ist und sich nicht so stark emotional mitreißen lässt wie wir Frauen.

Ich möchte allein sein, d.h., nicht von der Putzfrau vollgelabert werden. Ich weiß nicht wohin mit meinem Schmerz. Es kann mir ja niemand helfen. Nur wie komme ich heil aus diesem Schlamassel heraus? Ich möchte nicht kaputt sein. Ich möchte danach noch leben können. Ich denke mir, ich würde als Erstes eine Karibikkreuzfahrt machen. Eine Luxusfahrt, natürlich. Richtig entspannen. An etwas ganz anderes denken. Danach vielleicht eine mehrtägige Bergwanderung oder eine Radtour. Leer werden, einen Schlussstrich ziehen zwischen dem Gewesenen und der offenen Zukunft. Erst danach würde ich wohl zu Ines reisen. Ich müsste geläutert sein, um ihr nicht zur Last zu fallen. Mich mit neuen Energien auftanken, damit ich als Oma etwas geben könnte. Ja, so stelle ich es mir vor.

Und nun ist die Logopädin da. Er arbeitet prima mit. Ich höre sie von meinem Schreibtisch aus. Unglaublich, wie er sich zusammenreißen kann. Was mir nicht gelungen ist, gelingt ihr ohne weiteres. Und sie überzieht noch um eine halbe Stunde. Nicht zu fassen. Danach ist er k.o.

Gestern Abend habe ich an einer Benefizsitzung teilgenommen. Ich möchte wieder auf anderen Gebieten aktiv werden. Ich fühlte mich unsicher. Ich bin es nicht mehr gewohnt, mit fremden Leuten ungeniert zu kommunizieren. Ich denke auch, ich trage meinen Schmerz mit mir herum, er ist bestimmt sichtbar. (Die Damen wussten von meinem Schicksalsschlag.) Er erdrückt mich, lähmt mich, verunsichert mich in meinem Auftreten. Umso mehr Grund, um raus zu kommen, damit ich am Ende den Mund auch vor Unbekannten noch öffne und nicht total verschüchtert und unsicher werde.

Ich denke, im Grunde genommen schließt sich der Kreis. Zu Anfang unserer Ehe war ich sehr vereinsamt, kämpfte gegen das Alleinsein in der Abgeschiedenheit des israelischen Dorfes, wo Manuel für eine deutsche Firma tätig war. Nach einem bewegten Leben in verschiedenen Orten dieser Welt befinde ich mich wieder wie zu Beginn: Ganz alleine in Begleitung meines Mannes, nur umgeben von Leid. So hatte ich es mir nicht vorgestellt. Nicht dass ich irgendeine Vorstellung meines Werdeganges gehabt hätte, aber diese hatte ich auf jeden Fall nicht!

3. November 2005

Man kommt aus dem Staunen nicht heraus! Heute ist er wie fast jeden Tag übungshalber die Treppe hinauf und hinunter gestampft. Aber danach ist er von sich aus ans Geländer innerhalb des Treppenhauses gegangen, hielt sich mit der linken dort fest und bewegte sich parallel schrittweise nach links. Am Ende angekommen ging er ohne Aufforderung, ohne Stock!, wieder aufwärts. Er wiederholte die Prozedur zweimal und spazierte anschließend weiterhin ohne Stock in die Wohnung hinein. Hut ab! Und ich dachte gleich: Aha, er hat das Antidepressivum eingenommen, deswegen geht es ihm heute gut! Aber dann schaute ich nach, und die Pille lag in der Schachtel! Also sage mir einer, welcher Zusammenhang zwischen seinem Seelenzustand und seinem Handeln besteht! Ich verstehe gar nichts mehr, freue mich einfach über jeden Tag ohne seine Schwarzmalerei!

23. November 2005

Es geht ihm viel besser. Wohl wegen der Wassertherapie. Das heißt natürlich nicht, dass er seine depressiven Stimmungen nicht hätte. Es ist ein ewiger Kampf mit den Tabletten. Hier nehmen die Leute wahrscheinlich zu viel davon. Aber mir wäre es schon wichtig, dass er überhaupt welche nimmt, denn ich halte es nicht aus. Sie werden ihn nicht umbringen, den Trübsinn hingegen ein wenig verscheuchen.

Ich habe mich mit anderen Patienten unterhalten, die auch zur Therapie gehen. Einige haben ständig Infektionen gehabt. Da sage ich mir: Wie gut wir es doch haben! Dieses Übel hat uns nicht getroffen. Aber alle scheinen durch Depressionen gewandelt zu sein. Und obendrein für eine lange Zeit! Auch die Tatsache, dass sie ihre Fortschritte nicht als solche anerkennen, ist verbreitet. Sie sind nie mit sich selber zufrieden. Mit der Zeit soll sich das wohl bessern. Ein 53-jähriger Mann mit Sprachproblemen berichtet, er habe anfänglich gar nicht reden können. Man weiß aber bei den Kranken nie, inwieweit sie Fakten wahrheitsgetreu darstellen können, inwieweit ihr Gehirn korrekt funktioniert.

Eine Ehefrau erzählt mir, ihr Mann spreche zu Hause ständig von seinen Problemen, in Gegenwart anderer Leute aber nicht. Bei Manuel ist es ebenso. Meine Geschwister belästigt er nicht mit seinen negativen Empfindungen. Dagegen verliert er keine Gelegenheit, jedem seiner Therapeuten von seinem Leid zu berichten, d.h. von den Schmerzen oder der Gefühllosigkeit im Bein.

Die besagte Ehefrau hat es auch satt, von ihrem Mann ständig Wehklagen zu hören, redet aber selbst nur von ihrem Alltag mit dem kranken Ehemann. Dabei geht er sehr gut, spricht und bewegt beide Arme! Sie meint auch, ihr Mann habe ein sehr aktives Leben geführt. Er habe viele Freunde gehabt, von denen nun niemand mehr erscheint. Es bleibt nur die Familie. Aber die erwachsenen Kinder arbeiten alle, sind beschäftigt. Bleiben noch die Enkelkinder, die Freude in das Leben des kranken Mannes bringen. Uns geht es auch nicht besser. Freunde habe ich von früher eh kaum, und sogar meine Geschwister fangen an, seltener aufzutauchen. Leider sind unsere Kinder in der Ferne, und das wird sich nicht ändern. Wir können nicht zu ihnen und sie nicht zu uns. Ja, Max würde unser Leben erhellen, aber was soll es, wir müssen unser Schicksal so ertragen, wie es uns auferlegt worden ist. Tatsache ist die Vereinsamung. Diese Frau hat keine Hilfe wie ich. Im Grunde genommen ist der Krankenpfleger ja nicht nur für Manuel da, sondern in erster Linie für mich. Um mich zu entlasten. Auch das Dienstmädchen. Alle, damit ich Zeit für mich habe, d.h. zur Flucht aus der häuslichen Misere.

Ich hatte mich ja früher damit gebrüstet, dass meine Eltern sehr schnell verstorben sind, fast ohne irgendeiner Pflege bedürftig zu werden. Welcher Luxus, welch Glück für uns Geschwister und für unsere Eltern selber! Dass es mich auf andere Weise treffen würde, in Form meines eigenen Ehemannes, daran hatte ich nicht gedacht. Nun ist es geschehen. Bei unserem Altersunterschied von vierzehn Jahren ist es nicht verwunderlich. Ich sage ihm, er solle sein Schicksal würdig hinnehmen. Er solle sein Kreuz erhobenen Hauptes tragen, sich nicht erdrücken lassen, sondern im Gegenteil würdevoll aufblicken. Ich trage auch mein Kreuz. Wie lange das gut geht, weiß ich natürlich nicht.

Einige Leute wie Beatrix bewundern, was wir geleistet haben, wie weit er gekommen ist. Auch in der Gruppentherapie fällt es den anderen Patienten auf, welche Fortschritte er gemacht hat. Beatrix meint zu ihm: *„Sei froh, dass du eine so fröhliche Ehefrau hast, die immer lacht und gut aufgelegt ist."* Ich antworte: *„Aber du siehst mich nicht, wenn ich einen Kampf mit ihm ausstehen muss."* Ich erzähle nicht von den unzähligen Tränen, die ich vergieße. Viel zu viele in dieser kurzen Zeit.

Der Krankenpfleger kann sich bei ihm nicht durchsetzen. Manuel schreit ihn an. Wird zornig. Er hat ja jahrzehntelang Angestellte unter sich gehabt. Ist das Kommandieren gewöhnt. Das kommt immer wieder durch.

Wenn ich ihn zum Gehen oder einfach zum Aufstehen bringen möchte, versuche ich alle Taktiken. Zuerst mit Liebe, Einsicht und Geduld. Wenn das nichts nützt, wende ich sozusagen Gewalt an. Ich bedrohe ihn. Ich werde auch zornig. Das macht mich wahnsinnig, denn ich möchte ja nicht böse zu ihm sein. Dann kommen die Tränen, denn ich fühle auch die Gewissensbisse, ich hätte ihn misshandelt. Er treibt einen dazu. Zumindest bin ich ziemlich erfolgreich, im Gegensatz zum Krankenpfleger, der sich nie durchsetzen kann oder will. Er ist zu weich mit ihm. Wenn es so weitergeht, muss ich jemand anderen für Manuel suchen. Ich habe es meinem Ehemann schon gesagt. Er solle einsichtiger sein mit dem Krankenpfleger, sonst käme jemand anderes. Die Krankenschwester hat uns nur zwei Monate mit ihrer Gegenwart beglückt. Es sei ein Armutszeugnis, wenn auch dieser Mann nicht länger bei uns bliebe. Ich merke aber nicht, dass Manuel sein Verhalten ihm gegenüber gebessert hätte. Sein Temperament kommt bei ihm durch.

Andrerseits verhält Manuel sich mir gegenüber wie eh und je. D.h. er ist großzügig: Wenn ich angerufen werde zum Bridgespielen, fleht er mich nie an, daheim zu bleiben. Ganz im Gegenteil: Er gestikuliert, ich solle gehen. Und wenn ich um Mitternacht wieder erscheine, fragt er schlaftrunken, wie es mir ergangen sei. Er interessiert sich für meinen Erfolg. Ich hatte ihm natürlich in Frankfurt unseren Umzug hierher u. a. mit der Möglichkeit des Ausgehens für mich, gerade des Bridgespielens, begründet. Er hatte meinen Beweggrund verstanden und ist mir nie hinderlich gewesen. Vielleicht stört es ihn mehr, wenn ich tagsüber ständig verschwinde. Abends darf er fernsehen und vermisst meine Gegenwart nicht so sehr. Das Fernsehen kompensiert meine Abwesenheit. Nicht gerade schmeichelhaft für mich.

In den letzten Monaten haben wir keine Schreibübungen mehr gemacht. Ganz einfach, weil keine Zeit dafür vorhanden war. Auch den Computer hat er nicht mehr angefasst. Er wollte nicht. War frustriert, denn jeder Buchstabe ist ein Kampf und der Misserfolg steht ständig vor Augen. Aber er kann die Buchstaben noch schreiben. Er muss immer noch abschreiben. Spontan ist nichts da.

Heute arbeitet er – nach einem Kampf – mit dem Krankenpfleger, und ich sitze daneben am Computer. Siehe da, er macht es ganz gut. Ich bin der Auffassung, meine Gegenwart übt eine positive Auswirkung aus. Vielleicht fühlt er sich von mir quasi im Stich gelassen, wenn ich andauernd - vor allem am Vormittag - wegflitze.

Es ist natürlich hart für einen erwachsenen Menschen, der alles konnte, nun wie ein Kind wieder von Null anfangen zu müssen. Dabei hat es ein normal begabtes Kind viel leichter als er. Bei ihm bleibt das Erlernte kaum oder gar nicht haften. Es ist ein ständiger Neubeginn. Und das merkt er wohl. Wie wenig im Gehirn verbleibt, weiß er. Das macht ihn, der für sein ausgezeichnetes Gedächtnis bekannt war, mürbe.

Wenn er schreibt, pausiert er zwischendurch. Er schließt die Augen, als würde er schlafen. Einige Sekunden lang, dann macht er weiter. Er gönnt seinen Gehirnzellen eine Erholungspause.

Ein paar Mal hat er nun selber darum gebeten, an der Promenade spazieren gefahren zu werden. Aber in diesen Tagen ist es so heiß, dass wir nur abends hinaus können. Immerhin ein Erfolg, dass er darum bittet.

Wenn ich es so bedenke, hatte er früher kaum Bedürfnisse, außer gut essen und gut trinken. Er hat nie Freunde angerufen, um sie zu treffen. Er hat sich immer über Besuch oder Einladungen gefreut; abgesehen von Arbeitsessen oder seiner eigenen Geburtstagsfeier hat er nie aktiv welche vorbereitet. Kein Wunder also, dass er nun mit sehr wenigem auskommt. Das einzige, was ihn schon immer interessiert hat, ist fernsehen, sowohl die Nachrichten zigmal am Tag oder Filme, auch alte. Diese Vorliebe hat er beibehalten. Ein Patient, der auch weder lesen noch schreiben kann, erzählte mir, er würde zu Hause nur fernsehen. Auch keine Gehübungen machen. Ob das stimmt?

Manuel geht und behauptet weinerlich, er könne sich nicht bewegen, habe keine Kraft. Es ist wohl sein Gehirn, das ihm diese Botschaft sendet. Dabei bewegt er sich toll vorwärts. Ich sage ihm, er solle dem Gefühl keine Beachtung schenken. Der Gedanke, nicht mehr gehen zu können, macht ihn nämlich wahnsinnig. Ich sage ihm: *„Zeig es deinem Gehirn! Es lügt dich ja nur an. Du kannst gehen. Streck ihm die Zunge aus. Bääääh! Mein Bein ist stärker. Du kannst mich nicht überlisten."*

Es zehrt an meiner Kraft. Wenn ich aber an die kleine Ehefrau denke, die alles alleine meistert, die ihren Mann am Rollator gehen lässt, um sich seiner Aufsicht zu entledigen, d.h. um ihre Hausarbeit verrichten zu können, dann sage ich mir, meine Aufgabe ist ja eine leichte. Dennoch fällt sie mir enorm schwer.

Die besagte Ehefrau ist ja bestimmt an die 70. Sie hat ihr Leben gelebt, dass Krankheit vor der Tür steht, muss ihr bewusst gewesen sein. Ich stehe aber noch sozusagen in der Blüte des Lebens, möchte nicht lebendig begraben werden. Andrerseits hat sie es in ihrem hohen Alter natürlich viel schwerer als ich in meiner *Jugend* von inzwischen 56 Jahren. Manuel sage ich wiederholt, dass er bis 69 ein halb das Leben voll ausgekostet hatte; dieses Privileg haben viele Menschen nicht erlebt. Ich eingeschlossen!

Manuels Essensgewohnheiten haben sich nicht geändert. D.h. natürlich bekommt er nicht, was er gern hätte, aber wenn es nach ihm ginge, würde er jeden Tag rohen Schinken und Frittiertes essen. Ich erkläre ihm, dass die letzte Blutkontrolle einen gefährlich hohen Cholesterinspiegel angezeigt hat, obwohl er jeden Abend ein Medikament zu dessen Senkung einnimmt. Vielleicht zu wenig, nur 20 mg. Dennoch: Erhöhen möchte ich die Dosierung natürlich nicht, eher gesund essen. Aber Babybreichen mag er nicht. Er protestiert ständig, weil die Köchin zu simpel kocht. Wo sind seine raffinierten Soßen? Die Köchin staunt über die Ansammlung von Gewürzen in unserer Küche, die selbstverständlich aus seinem Fundus stammen!

Qazvin

„*Der blaue Führer*" ist zwar heutzutage nicht mehr so begehrt wie vor einigen Jahrzehnten, aber in den siebziger Jahren spielte er bei unseren Reisen noch eine große Rolle.

Ich war mit meinem Mann und mit meinem Bruder Luis im Nordiran mit dem Auto unterwegs, noch zu des Schahs Zeiten, als wir auf eine interessante Angabe im genannten Reiseführer stießen. Im Ort Qazvin bestand die Möglichkeit, Maultiere zu mieten, um einen mehrstündigen Ausflug zu den Ruinen der Haschaschinenburg Alamut zu unternehmen. Abenteuerlustig wie wir veranlagt sind, entschlossen wir uns kurzerhand zu diesem Abstecher, der selbstverständlich nicht auf Luis' Reiseplan stand. Er hatte nämlich auf mehreren Seiten die genaue Route mit Abfahrts- und Ankunftszeiten für unsere 6-wöchige Reise per Hand aufgeschrieben, in einem Zeitalter als noch kein Excel Programm das Tageslicht erblickt hatte. Wie konnte es anders sein: Mein Gatte warf schon am ersten Tag Luis' akribisch ausgearbeiteten Ablauf durcheinander; er, der vor unserer Abreise aus Zeitgründen kein einziges Buch zur Vorbereitung aufgeschlagen hatte. Mit seinem Enthusiasmus steckte er uns an, und die Männer machten sich sofort daran, die besagten Tiere zu besorgen. Persisch beherrschte keiner von uns. Die Landbevölkerung ihrerseits in diesem abgelegenen Kaff parlierte weder Englisch noch sonst eine für uns gängige Sprache. In Ardebil und Umgebung waren wir mit Türkisch durchgekommen, dem das Aseri verwandt ist, die Umgangssprache der dort ansässigen Aserbaidschaner. Stattdessen ging hier die Kommunikation mit Händen und Füßen vonstatten. Mit Erfolg.

Wir warteten einige Minuten und siehe da: Ein älterer Mann erschien mit zwei Maultieren, wohlgemerkt zwei an der Zahl! Wir fragten nach dem dritten Exemplar. Er schaute uns perplex an und gab uns zu verstehen, dass wir ihm folgen sollten. Erst als wir uns außerhalb des Ortes befanden, hieß er uns einen Augenblick warten. Dann kam er mit dem dritten Tier. Wir reimten uns Folgendes zusammen: In der Dorfgesellschaft gibt kein Mann Geld für die Bequemlichkeiten einer Frau aus, und unser Führer

wäre ausgelacht worden, wenn man erfahren hätte, dass er sich sozusagen für das schwache unbedeutende Geschlecht eingesetzt hatte, auch wenn es für ihn ja ein berechtigtes Geschäft bedeutete.
Wir bestiegen nun unsere *Rösser*. Sehr bequem war die Unternehmung nicht. Wir mussten unsere Beine vollkommen über den Sattel spreizen, ein halbrundes Holzgestell, das nur dürftig mit Decken gepolstert war, deren Hygienezustand obendrein zu wünschen übrig ließ. Unser alter Führer ging zu Fuß. Für uns ein gutes Zeichen, dass die Burg nicht weit entfernt sein konnte. Denn inzwischen war es 16 Uhr 30, wir hatten Herbst, der Sonnenuntergang würde noch zwei bis drei Stunden auf sich warten lassen. Das Auto hatten wir neben der Polizeiwache abgestellt, unsere Personalien waren dort aufgenommen worden, eine Maßnahme, die uns einerseits eine gewisse Sicherheit in dieser gottverlassenen Gegend vermittelte, andererseits den Überwachungsstaat des Schah Regimes wieder einmal unter Beweis stellte.

Es ging bergauf, bergab, kaum Bäume oder Sträucher. Braune Landschaft erstreckte sich vor uns. Kein Dorf, kein Haus, keine Menschenseele, keine Tiere. Leere, Stille, Einsamkeit, Ruhe. Nur die Sonne brannte noch kräftig auf unsere Schädel. Mein Mann wappnete den seinen mit einem bereits gebrauchten Stofftaschentuch, dessen Ecken er verknotete. Er sah nicht gerade hübsch darunter aus, aber seine Vorsorge zahlte sich aus, denn ich, mit ungeschütztem Kopf, sollte zwei Tage später unter einem gewaltigen Sonnenstich leiden, d.h. unter Erbrechen und einer krankhaften Abwendung und Ablehnung jeglichen Sonnenstrahls.

Es war der erste Maultierritt unseres Lebens und bis heute auch der letzte. Ich bekam einen Schreck, als ich beobachtete, wie das Tier vor mir den Hinterhuf umklappte. Ich dachte, es würde sich auf die Weise verletzen. Aber nein, dann merkte ich, dass alle drei diese Prozedur anwandten, und zwar beim Abstieg als Bremsmechanismus. Da wurde mir klar, warum Maultiere in bergigen Regionen viel geeigneter sind als Pferde, die nicht über solch ein Scharnier am Knöchel verfügen. Die Vielfalt und Zweckmäßigkeit der Natur bewundernd zogen wir weiter, den Blick in die unzähligen Abgründe meidend.

Unser Führer neigte sich ab und zu über den Boden und trank Wasser aus den Bergquellen. Er lud uns ein, ihn nachzuahmen, denn wir hatten ja keinerlei Verpflegung bei uns. Im Iran herrschte zur damaligen Zeit Cholera, deshalb hatten wir uns vor der Abreise dagegen impfen lassen müssen. Mein Mann hatte in der Türkei den letzten in der Krankenstation noch vorhandenen oralen Impfstoff geschluckt, während ich, die weitaus tapferere, mit der Spritze vorlieb nehmen musste. Demnach erschien uns der Gedanke, ungekochtes Wasser zu trinken, sehr riskant. Bis uns schließlich der Durst übermannte, gekoppelt mit der Einsicht, dass wir in dieser menschenleeren Gegend bestimmt keine Infektion zu befürchten hatten, vor allem da das Wasser durch die Erde filtriert worden war. Wir knieten nieder, wölbten die Hand und schlürften das frische Nass, so wie die Menschheit es vor Jahrhunderten und Jahrtausenden schon getan hat.

Wir spähten vor uns, aber keine Burg kam in Sicht. Hin und wieder plagten wir mit dem einzigen uns bekannten persischen Wort *khale* (persisch: Burg) unseren Führer, der sich unermüdlich wie eine Bergziege von Gipfel zu Gipfel schwang. Mit ausgreifenden Hand- und Armbewegungen, begleitet von unverständlichen Lauten, gab er uns zu verstehen, dass sich der Weg noch hinstreckte. Uns wurde ein wenig mulmig. Wir trugen unser gesamtes Reiseguthaben für die noch verbleibenden fünf Reisewochen am Körper mit uns herum. Wir lebten noch in der Zeit des Bargelds, ohne Kredit- oder EC-Karten. Man hätte uns einfach töten und berauben können. Und die Wachposten, die unsere Pässe kontrolliert hatten? Na ja, die hätten die Räuber bestechen können und drei Ausländer wären einfach von der Erdoberfläche verschwunden. So kam es dann doch nicht, aber abenteuerlich sollte es dennoch werden!

Wir erreichten schließlich eine kleine Ansiedlung von Häusern, wo uns der Führer aufforderte abzusteigen. Er sprach mit den Einwohnern der größten Behausung, in die wir eintraten, obwohl uns das Gehen mit gekrümmten Beinen schwerfiel. Die ungewohnte Reitposition hinterließ ihre Spuren in unseren Muskeln. Gleich sollte sich die nächste Tortur dazu gesellen, denn wir mussten uns auf den Boden setzen, nicht wissend wohin mit unseren gequälten Gliedern. Tee wurde in kleinen Gläschen serviert. Wir tranken Unmengen davon. Dann erschien Fladenbrot und Ziegenkäse, alles nicht sonderlich schmackhaft, aber gegen unseren Hunger war uns alles recht. Als wir uns halbwegs satt gegessen hatten und begannen, uns zu wundern, wann es weitergehen würde, erhielten wir die erstaunliche Anweisung, uns auf den auf den Boden ausgebreiteten Matten zum Schlaf niederzulegen. Wir dachten zurück an die Angaben in unserem *Blauen Reiseführer*. Ob der Autor diese Tour tatsächlich jemals unternommen oder etwa nur von Hörensagen eine vage Information aufgefangen hatte? Wir waren nun bereits vier Stunden unterwegs gewesen, und offensichtlich befanden wir uns noch nicht in Reichweite der Burg. Was half das Grübeln, wir waren völlig ohnmächtig, unseren Gastgebern mit Leib und Seele ausgeliefert, und konnten von Glück reden, wenn dieses Abenteuer ein Happy End haben sollte.

Wir legten uns wie angewiesen brav hin und beobachteten, dass auch die Gastgeber im selben Raum mit Kind und Kegel ihre Ruhestätte aufschlugen. Dann war an und für sich nichts zu befürchten, und wir schliefen beruhigt und erschöpft ein. Eine sehr lange Ruhepause wurde uns aber nicht gegönnt. Um vier Uhr morgens weckte uns unser Führer und trieb uns zu unseren Tieren.

Es herrschte immer noch vollkommene Finsternis. Wir machten uns gehorsam auf den Weg. Nach zwei Stunden, in der aufklarenden Dämmerung, gelangten wir an ein Lehmhäuschen, wo uns von den Bewohnern ein Frühstück aufgetischt wurde. Es unterschied sich nicht im geringsten vom kürzlich eingenommenen Abendmahl. Die Bevölkerung der Gegend war arm, die Auswahl an Gerichten nicht umfangreich. Aber uns reichte es nochmals. Vor allem waren wir erstaunt, welch gute Verbindungen unser Führer in der Region hatte. Ohne Ankündigung, ohne kurzes Telefonat per damals noch nicht existierendem Handy trafen wir einen Empfang an, als wäre er schon Tage vorher im Reisebüro gebucht gewesen.

Gestärkt stiegen wir wieder auf unsere Maultiere, und der Ausflug ging weiter. Ob unser ausdauernder Führer uns wirklich zur Burg brachte? Immer wieder befielen uns Zweifel. War er etwa sogar ein Nachkomme dieser berüchtigten im XI. und XII. Jahrhundert mordenden Bande der Haschaschinen, bekannt für die Einnahme von Haschisch zur Intensivierung ihrer Furchtlosigkeit? Das französische Wort *assassin* (Mörder) soll sich vom Drogennamen ableiten und ist über diesen fernen Weg in die romanischen Sprachen und ins Englische eingeflossen.

Es mag 9 Uhr morgens gewesen sein, als wir endlich das lang ersehnte Bauwerk zu Gesicht bekamen. Auf ca. 2.000 Metern Höhe stehen die Reste dieses Bollwerks, das zwei Jahrhunderte lang uneinnehmbar war. Sehr beeindruckt waren wir von den Grundmauern nicht. Nur wenige Zentimeter standen noch aufrecht. Dieser lange ungewisse Weg für das bisschen Ruine? All die ausgestandenen Ängste für ein paar Steinchen im Nichts? Und dann noch der uns bevorstehende Ritt zurück? Sollte es das gewesen sein? Ja, dennoch, es war ein Abenteuer. Drei Europäer, der Landessprache unkundig, in einem unberührten Landstrich, in Begleitung eines Fremden, aufgenommen in Häusern Unbekannter, 24 Stunden lang in Händen, d.h. in der Macht eines Menschen, von dem wir überhaupt nichts wussten, da glich unser Mut fast dem der Haschaschinen!

Wir kletterten ein wenig auf der Anlage herum, genossen den Ausblick und machten uns auf den Heimweg. Es ging wieder bergauf, bergab, schmale Bergpfade entlang, die Abgründe einmal auf der rechten, einmal auf der linken Seite, die Sonne unentwegt auf unsere Köpfe brennend, unser Führer unermüdlich voranschreitend, wieder aßen wir bei den Einheimischen, wieder Fladenbrot mit Ziegen- oder Schafskäse, dazu tranken wir heißen Tee in kleinen Gläschen.

Wir kamen heil an, das Auto stand noch da, kein Haschaschine hat uns angegriffen oder beraubt, wir waren erleichtert und bereichert. In der Zwischenzeit hat im Jahre 2004 ein Erdbeben Teile der Burgmauern zerstört, und es führt auch eine Serpentinenstraße dort hinauf. Ob viele Touristen sich hinwagen? Wohl kaum, mit oder ohne Lektüre des *Blauen Führers*.

Fast drei Jahrzehnte später lasen wir in unserer Damenliteraturgruppe das Werk *Samarkand* des Libanesen Amin Maalouf. Während meine Mitleserinnen keinen Bezug zu den darin beschriebenen entrückten Begebenheiten herstellen konnten, erlebte ich ein Wiedersehen mit den inzwischen als Terroristen bezeichneten Haschaschinen und deren Burg Alamut. Unser Ausflug gehörte somit nicht nur zu einem Abschnitt in der Geschichte, sondern auch zur Weltliteratur!

24. November 2005

Heute ist mal wieder ein Inferno los. Die Krämpfe, die ihn 14 Tage lang verschont hatten, sind zurückgekehrt. Wieso? Das weiß nur der Teufel! Ich war davon ausgegangen, dass die Wassertherapie ihn erlöst hatte. Ich habe mich wohl geirrt. Oder hat er sich heute früh über die Maßen darüber aufgeregt, dass er eventuell mit dem Krankenpfleger im Taxi zur Wassertherapie soll? Ist das der Grund? Dabei liegt er im Bett und schläft tief, schnarcht locker vor sich hin.

Das ist kein Leben für mich. Und ich sage mir, ich bin auf so etwas nicht vorbereitet. Dass meine Eltern so sang- und klanglos aus dieser Welt geschieden sind, hat mir keinen Nutzen gebracht. Ich denke an meine Kinder, die ebenfalls so unbedacht vor sich hin leben. Wer wird mich pflegen? Hoffentlich kommt es nicht dazu. Meine Mutter hatte schon Recht, dass sie nicht auf eine Intensivstation und niemandem zur Last fallen wollte. Nicht weil ihre eigenen Eltern zu Pflegefällen geworden wären. Ihr Vater vielleicht einige Monate, aber in einem riesigen Haushalt. Ich selber habe ihm einmal oder gar mehrmals als Fünfzehnjährige einige Stunden Gesellschaft geleistet. Ich habe eine bleibende Erinnerung an diesen Einsatz. Er lag im Bett und musste ab und zu die Sauerstoffmaske angelegt bekommen. Eine riesige Flasche stand neben dem Bett. Er röchelte gewaltig, wenn er Sauerstoff benötigte. Meine Großmutter verschied noch lautloser. Sie bekam eine Peritonitis.

Instinktmäßig hatte meine Mutter also Recht. Vielleicht war es ihre Tante Manuela gewesen, deren Dahinsiechen durch einen Krebs sie als Kind so beeindruckt hatte. Von ihr hatte sie erzählt. Manuela war ein Begriff in der Familie. Man sprach mit Respekt und Ehrfurcht von ihr und ihrer Krankheit.

Mich dagegen trifft die Krankheit meines Mannes wie ein Schlag aus dem Himmel, genauso wie es überall beschrieben wird. Und dann sage ich mir: Es kann doch nicht wahr sein. Andere Menschen bewältigen solch eine Situation doch auch! Menschen ohne Bildung, ohne die finanziellen Möglichkeiten, über die ich verfüge. Ich sage zu ihm, er solle sich zusammenreißen, aber ich merke, ich bin diejenige, die sich zusammennehmen muss. So geht es nicht. Bin ich nun erwachsen oder ein verwöhntes Kindchen? Zu ihm sage ich, er solle sein Kreuz mit Würde tragen. Und ich? Ganz schöner Schlappschwanz. Ohrfeigen müsste man mich. Also, Zähne zusammenbeißen und durch. So lange wie es von mir verlangt wird! Es geht nicht darum, die Situation zu meistern, sondern mich selber unter Kontrolle zu bekommen. Ich gebe ein schwaches Bild ab. Kopf hoch! Zeig, was du kannst, Mädchen! Wirf ihm nicht immer vor, er sei weinerlich, wenn du selbst unzählige Tränen auch in seiner Gegenwart vergießt. Sei stark! Sei ihm ein Vorbild! Leuchte vor ihm und weise ihm den Weg! Er braucht mich. Zu wem kann er denn Vertrauen haben, wenn nicht zu mir? Die anderen sind ja nur Fremde, sowohl unser Personal wie die Therapeuten. Ja, schämen sollte ich mich! Mich nicht damit brüsten, dass ich so viel für ihn tue! Nein, das ist doch selbstverständlich, so lange wir es uns leisten können. Ich bin in der Pflicht! Mit all meinen Reserven jeglicher Art. Es ist eine Herausforderung. Eine Lebenslage, die ich nicht ausgesucht habe, die mir unbekannt war, in die ich unschuldig geraten bin.

Und ich kann es nicht, diese heldenhafte Haltung einnehmen! Nein, ich gehe davon aus, ich bin einem Nervenzusammenbruch nahe. Was ein anderer vielleicht schafft, schaffe ich nicht. Es ist kein Ruhmesblatt für mich, aber es ist kaum zu ändern. Sollte eventuell ich die Antidepressiva einnehmen, die man ihm verschrieben hat? Ist es so weit gekommen, dass ich zusammenbreche?

Dass ich nun einfache Sachen vergesse, die von großer Wichtigkeit sind, damit muss ich lernen umzugehen. Nicht einmal ans Aufschreiben denke ich! Im Grunde genommen weil es sich auch um banale Dinge handelt, an die ich mich normalerweise erinnern würde. Mein Gehirn also auch geschädigt?

Schon wieder muss ich bei schönstem Wetter eingesperrt in der Wohnung hocken. Ich mag nicht mehr. Mir fehlt jemand, mit dem ich mich aussprechen kann, der Verständnis für mich aufbringt. Aber ich will ja niemanden belasten, und um mit einem Psychologen zusammen zu sitzen, der mir alles, Verständnis mimend, nachplappert, nein danke. Und dennoch muss es weiter gehen.

Mein Bruder hatte noch gemeint, ich sollte eine Arbeit in meinem Fachbereich als Dozentin suchen. Pustekuchen. Unmöglich. Wie kann ich mich auf einen bestimmten Zeitplan festlegen, wenn ich nicht einmal die Therapien meines Mannes einhalten kann? Wie soll ich mich konzentrieren, mich vorbereiten auf den Unterricht? Nur lockeren Verpflichtungen kann ich nachgehen.

Ich fühle mich leer gesaugt, leer gepumpt. Sitze einfach da und überlege. Überlegen kann man es auch nicht nennen, eher ein Dösen. Mit eingefallenen Schultern, mit gesenktem Blick, ernst, um nicht zu sagen traurig.

Ja, solchen Gemütsschwankungen bin ich ausgesetzt. Ich versuche mich an jedem Strohhalm hochzuziehen, aber der knickt sehr bald um. Hat solch ein Leben noch einen Sinn? Ich kaufe deswegen ein Häuschen, das ich nicht nur möblieren, sondern auch noch renovieren muss. Ja, alles, um abgelenkt zu sein. Alibi zur Flucht.

Die Frage ist, ob ich jemals wieder ein normales Mitglied der Gesellschaft sein werde. Ob ich mich locker, frei von Komplexen werde bewegen können. Mir scheint, dass ich nicht tauglich bin. Dass ich kaputt bin. Dass er mich auffrisst. Wie war das noch mal mit Picassos Frauen? Er hatte ihre ganze Seele aufgesaugt, und sie waren zu nichts mehr imstande. So macht es Manuel mit mir. Als würde er meinen, wenn ich ihm nicht mehr gehören werde, dann niemandem. Ein Lappen, der zu nichts mehr nütze ist.

Ich habe heute ein Haus gekauft. Aber ich kann mich nicht freuen, ich heule immerfort vor mich hin, schluchze. Dieses Leben kann mir gestohlen bleiben. Wie viele Liter habe ich zusammengeweint? Muss so viel Schmerz sein?

Und ich sage mir: Bei seinem Tod werde ich keine Tränen mehr zur Verfügung haben. Er hat mir zu Lebzeiten bereits alle genommen! Aber so darf und soll es nicht sein!

Vor Jahren hatte ich eine Vision gehabt: Wir waren beide alt, und Manuel ging mit Hilfe eines Spazierstockes. Dieses Bild hatte mich damals beruhigt, denn es war spät am Abend und Manuel war immer noch nicht von der Geschäftsreise mit dem Auto heimgekehrt. Dass es sich Jahrzehnte danach in Wirklichkeit um einen Vierkantstock handeln würde, hätte ich mir in dem Moment selbstverständlich nicht träumen lassen.

1. Dezember 2005

Unser Leidensweg nimmt kein Ende. In den letzten Tagen haben wir auf die Hilfe des Rollstuhls zurückgreifen müssen. Sehr schmerzhaft dieser Rückschritt. Nun habe ich mit dem Orthopäden gesprochen und er hat mir reinen Wein eingeschenkt: Ja, die Entwicklung kann bis zur senilen Demenz führen. Sein Gehirn wird weiterhin abbauen. Wie schnell kann man nicht sagen. Tolle Aussichten. Derzeit erlebe ich also noch ein Schlaraffenland. Wie soll ich das meistern, was noch bevorsteht? Ich denke an Hannelore mit ihrem Vater, der zum Alkoholiker geworden ist. Aber sie lebt nicht mit ihm. Ich überlege auch, ob ich meine Tante Antonia besuche, die seit mehreren Jahren die gleiche Krankheit wie Manuel durchlebt. Sie soll nach wiederholten Schlaganfällen zu einem Strichlein in der Landschaft mutiert sein. Soll ich mir vor Augen führen lassen, was uns bevorsteht? Ich traue mich noch nicht. Bei der Gruppenkrankengymnastik erleben wir ja die Kranken, denen es vergleichsweise gut geht.

Ich habe immer Wahrsagerinnen gehasst und gemieden wie die Pest. Seit dem Tage, als mir eine Bekannte blöderweise die Zukunft aus den Händen gelesen und nichts Erfreuliches vorhergesagt hat. Seitdem wollte ich nie mehr etwas über das Fernliegende wissen. Nun ist es anders. Ich sehne mich richtig danach, Genaueres zu erfahren, Gewissheit zu erlangen über die Dauer meines Martyriums.

Neulich sprach ich mit Catarina. Ihr Mann hat einen Hirntumor, ist durch das Kortison aufgedunsen, kann kaum 20 Schritte gehen, wonach er tüchtig verschnaufen muss. Ich argumentiere, dass dies die Vorbereitungszeit auch für sie ist vor dem Hinscheiden des Kranken. Unsere gemeinsame Freundin Blanca habe sich durch den plötzlichen Tod ihres Mannes von ihm im Stich gelassen gefühlt. Catarina schreit auf: *„Aber bitte, nicht diese Agonie!"* Ihre Reaktion entsetzte mich! Denn Catarina gehört zu den gläubigen, praktizierenden Katholiken. Solch einen Pragmatismus hätte ich bei ihr nicht erwartet. Und dennoch hat sie Recht. Uns allen sind Grenzen gesetzt. Aber leider können wir es uns nicht aussuchen. Ändern auch nicht. Ertragen müssen wir es irgendwie. Andere schaffen es auch. Wie auch immer. Catarinas Mann verstarb anderthalb Jahre nach Ausbruch des Krebses. Sie brauchte ein ganzes Jahr, um sich zu erholen. Wenn ich sie fragte, was sie tue, antwortete sie ohne gespielte Selbstverständlichkeit: „*Gar nichts!*" Mir schien sie nicht glaubhaft. Hatten 18 Monate sie dermaßen erschöpft? Wie lange würde ich für eine Erholung benötigen? Inzwischen ist Catarina übrigens nicht mehr zu bremsen: Sie ist nur am Handy erreichbar, denn ständig unterwegs, Mitglied oder sogar Leiterin von verschiedenen Gruppen. Ein Lichtblick, wenn nicht ein Vorbild!

Was Ines anbelangt, so bin ich zu dem Schluss gelangt, es ist sogar besser, sie erscheint Weihnachten überhaupt nicht. Die Situation zu Hause ist einfach zu hart. Vor allem kann man nichts voraussagen. Heute zum Beispiel geht es Manuel nach den höllischen Tagen gut. Er meint zwar, er könne die Treppen nicht steigen, aber er ist guter Laune.

Ich versuche, Sebastian telefonisch zu erreichen, aber es ist nicht möglich. Wo steckt denn der Kerl schon wieder? Ich brauche eine Aussprache. Auch wenn ich ihn belaste. Ich stehe ja doch alleine da.

Heute gehen wir zur Klinik für Schmerzbehandlung. Ob da was rauskommt? Ich wusste gar nicht, dass es so etwas gibt.

Der Krankenpfleger geht mir langsam, aber sicher auf die Nerven. Er ist einfach dumm, ergreift keine Initiative für irgendetwas, setzt sich nicht durch bei Manuel, der ihn einfach anschreit.

Tja, aber bald sitze ich wohl ohne Personal da. Das Dienstmädchen ringt mit sich selber: Das Geld zieht sie an, aber ihr Gewissen schickt sie an die Seite ihrer krebskranken Mutter. Ich habe noch keinen Ersatz. Auch nicht für den Krankenpfleger. Dabei muss es doch viele Menschen ohne Arbeit geben. Ob alle was taugen?

24. Dezember 2005

Es ist unglaublich. Wenn ich die letzten Zeilen durchlese und den jetzigen Zustand betrachte: Kein Vergleich. Es geht Manuel endlich gut. Seit dem 1.12. hat sich die Wandlung vollzogen. Woran es liegt, ist mir noch nicht ganz klar. Auf jeden Fall hat die Ärztin aus der Schmerzklinik nur scheußliches, starkes Zeug verschrieben, das ich ihm unmöglich verabreichen konnte. Dabei hat er selber darum gebeten, er, der immer zu verstehen gab, er nehme ja zu viele Medikamente ein. Aber egal welche Psychopharmaka und Schmerzmittel er verschrieben bekommt, alle lösen bei ihm starke Nebenwirkungen aus. Entweder wird er komplett depressiv, oder er schläft den ganzen Tag, oder sein Blutdruck spielt Achterbahn, so dass ihm schwindelig wird und er aus Angst vor einem Sturz nicht aufstehen möchte. Um diese Kollateralschäden zu umgehen, habe ich die letzte Trumpfkarte gezogen, die mir zur Verfügung stand: Ich habe einen Schmerztherapeuten aufgesucht, der wirksam Akupressur einsetzt. Viele Menschen seien durch seine Hände teilweise oder vollkommen schmerzfrei geworden, wurde mir versichert. Und tatsächlich! Auch Manuel geht es nun besser. Er hebt nicht mehr seine langen Klagelieder an, er ist guter Laune, macht Witze, bringt uns zum Lachen. Endlich antwortet er auch positiv bei seinen Therapeuten, wenn diese ihn mit der Frage nach seinem Befinden begrüßen. Ich konnte es nicht mehr ertragen, dass er nie, aber wirklich nie, zur Antwort zumindest: *„So lala!"* gegeben hatte. Nein, immer hat er wehleidig über seinen Zustand geklagt. Nun ist es anders. Er äußert sich positiv, begleitet von einem Witzchen, so dass die Therapeuten endlich aufatmen können, endlich für ihre Bemühungen emotional entlohnt werden.

Es ist wie ein Wunder, an das ich zumindest zu Anfang nicht so recht glauben konnte. Aber nun, nach drei Sitzungen und zwei kleinen Rückfällen, geht es dem Herrn konstant gut. Früher ging es ihm mal stundenweise besser, bis er danach in ein tiefes Loch fiel. Aber jetzt währt die positive Stimmung schon fast den ganzen Dezember.

Ein befreundeter Arzt, mit dem ich darüber sprach, meinte, Manuel habe eventuell den zerebralen Weg gefunden, um die Verbindung zur Schmerzempfindlichkeit zu durchbrechen. Er erwähnte noch Manuels Intelligenz, die ihm womöglich dazu verholfen habe. Es mag so sein oder die Ursache für die Verbesserung liegt in einem Zusammentreffen verschiedener Faktoren. Zu ihnen kann auch meine Schocktherapie gezählt werden: In meiner Verzweiflung habe ich bei einem von Manuels Rückfällen zum Telefon gegriffen und Sebastian mein Leid geklagt. In Manuels Anwesenheit. Er sollte ruhig zuhören, was er mir antat, was für einen Leidensweg er mir bereitete. Er hörte angestrengt mit und gab auch seinen Kommentar direkt seinem Sohne am Telefon ab. Geweint hat er auch ein wenig. Ich wusste, dies würde ihn hart treffen: Dass sein Sohn erfahren würde, dass ich litt, dass ich unzählige Tränen seinetwegen vergossen habe, dass ich keinen Ausweg aus dieser Hölle sah. Ich habe diese Methode ausprobiert, ganz alleine, ohne medizinische Anleitung, denn die bekomme ich nicht. Das Risiko war, dass er noch tiefer in eine Depression fiel, oder dass ich ihn wachrüttle, zu einer Reaktion zwinge. Und so war es. Seit dem Tage des Telefonats hat er keinen Rückfall mehr erlitten. Er ist täglich und ständig gut gelaunt, macht alles mit.

Ich fühle mich entlastet. Herrlich! Die Zeiten der Qual liegen in der Ferne. Man will nichts davon wissen, nur das Jetzt genießen. Andrerseits denke ich, ich würde diese Zeit nicht so hoch schätzen, wenn ich den Leidensweg nicht durchgemacht hätte. Ich wäre nicht so dankbar, im Gegenteil, ich würde über mein Schicksal klagen. So kann ich mich glücklich wähnen, weil es uns jetzt so gut geht.

Der Mensch ist doch nicht zu verstehen. Alles ist so relativ. Offen gesagt möchte ich mit den vergangenen leidvollen Monaten nichts zu tun haben. Ich hoffe, dieser Albtraum ist für immer vorbei, denn ein solcher war es.

Manuel ist auf jeden Fall nicht wiederzuerkennen. D.h. er ist gerade wieder der alte!, derjenige, der Monate lang verschwunden war unter einer Decke Negativismus, der uns nichts gegeben hat, nur genommen, der mich leer gesaugt hat, sodass ich nicht mehr wusste, woher die Energien nehmen. Dieser wehleidige, auf sich selbst zentrierte Mensch, der immerzu seine Gliedmaßen betrachtete, begutachtete oder *schlecht achtete*, dieser unbekannte Mensch ist nun wieder der alte. Ich sage ihm immer wieder: Bitte, mach deine Scherze, necke uns, mach Unsinn, dann bist du der mir bekannte Manuel. So gibst du mir und uns allen Kraft. Und er macht mit. Er scherzt, schneidet Grimassen, gibt uns vieles durch Gestik zu verstehen. So kann man seine Behinderungen in Kauf nehmen. So ist das Leben lebenswert. Davor habe ich nur auf ein Ende des Leidens gewartet. Wollte eine Zeitangabe hierüber haben. Das ist vorbei.

Möge 2006 uns keine Rückschläge bieten. Möge es weiterhin aufwärts gehen. So kann ich mich auf die Besuche der Kinder freuen. Es ist eine große Last von meinen Schultern gefallen. Es ist keinesfalls so, dass ich auf eine stolze Leistung blicke, nein, darum geht es überhaupt nicht, ich bin einfach dankbar. Wem? Den Umständen, dem Gott, falls es ihn gäbe.

Ich muss nun wieder an die Worte der Grafikerin in Frankfurt denken. Sie, die so viel durchgemacht hatte, mit einem behinderten Bruder, mit einem Vater als Alkoholiker, mit dem frühen Tod einer liebevollen Mutter, mit dem plötzlichen Tod ihres Mannes durch einen Verkehrsunfall. Wie hatte sie nur so viel Leid ertragen können? Hatte sie ihren Glauben hierdurch nicht verloren? Nein, ganz im Gegenteil. Er sei gestärkt. Und alles habe einen Sinn. *„Einen Sinn?"*, frage ich. Ja, es sei noch zu früh, sagte sie mir damals, es würde der Tag kommen, wo ich ihn finden und verstehen würde.

Ich finde nun vielleicht noch keinen Sinn in all diesem Leiden. Aber jetzt, wo es nachlässt, kann ich halt aufatmen. Wenn das Leiden aber weiter anhielte, sagen wir, zehn Jahre lang, dann weiß ich nicht, welchen Sinn ich darin finden könnte. Das wäre schon Masochismus. So betrachtete ich damals die Grafikerin bei unserem Gespräch. Dabei strahlte sie eine tiefe Ruhe aus, sie war sicherlich durch diesen Schmerzensweg innerlich gewachsen. Ob ich auch wachsen werde? Soll ich das erstrebenswert finden? Um ein wenig an menschlichem Wert zu gewinnen? So wie ein Einsiedler in die Wüste zieht, um sich oder Gott zu finden, hatte ich es nötig, diesen dornigen Weg zu gehen, um zu reifen? Wozu? Für wen? Doch kaum für meinen Partner. Was nimmt er wahr? Was schätzt er an mir? Fragen über Fragen.

Was die Geografie anbelangt, so besitzt Manuel erstaunlich gute Kenntnisse auf diesem Gebiet. Das war mir bis dato unbekannt. Wir haben CD-Spiele für Kinder ausprobiert. In Mathe und im Schreiben hat er Probleme. Aber vor einer Weltkarte, in der er nach Flüssen, Bergen, Seen suchen muss, macht er sich prima. Er tut das Spiel als leicht ab, wobei ich gerne weitermachen möchte, um die Grenzen seines Wissens auszuloten. Er versteht also die sprachlichen Angaben gut, erkennt die Konturen der Länder und Kontinente, liest die wenigen Worte auch mit Verständnis.

Was weiß er sonst noch, von dem ich nichts weiß? Wie steht es mit seinem alten Hobby, der Geschichte? Dafür besitze ich kein Spiel und da er nicht reden kann, wird dieses Gebiet erst mal sein Geheimnis bleiben. Bis dato war mir vor allem klar, was er nicht mehr wusste, weniger, was er weiß, wie die entdeckte Geografie. Musik hört er ja mit großer Leidenschaft und Inbrunst, wie viel er davon noch wirklich kennt, ist mir ebenfalls unklar. Ich erwähne bei einem Stück im Radio oft einen von mir gemutmaßten Komponisten, um von ihm eine Meinung zu bekommen. Manchmal bejaht er, manchmal lacht er ironisch über meine von ihm angenommene Unkenntnis. Da ich dann meist doch nicht die Ansage im Radio verfolge, weiß ich nicht, wer von uns beiden Recht hatte.

Puzzles bereiten ihm Schwierigkeiten, macht er aber mit Interesse, sortiert schlauerweise die Außenkanten, mit denen er beginnt. Die fünf CD-Spiele, die ich neuerdings gebracht habe, interessieren ihn ebenfalls. Niveau: Vorschulalter und erste Klasse. Und das trägt den Titel eines Diplomingenieurs!

Charakterlich ist er immer noch der von früher. Wenn ich mit jemandem über einen Kostenvoranschlag verhandle, wimmelt er immer ab und meint damit, ich solle nachgeben. Deswegen ziehe ich es nun vor, solche Gespräche nicht in seiner Gegenwart zu führen. Er hat keine Ahnung, worum es sich handelt und mischt sich ein. Das geht nicht. Ich werde eh übers Ohr gehauen.

Er ist ganz schön despotisch mit dem Personal. Nach dem Motto, ich bezahle, also sollen die gefälligst spuren. Ich muss ihn manchmal zur Vernunft bringen. Sonst wird noch eine Meuterei entstehen.

Er versucht zu reden, merkt dann selber, dass er nichts Sinnvolles von sich gegeben hat, und wimmelt ab. Da ermuntere ich ihn, es wird schon werden. Vielleicht kommt die Sprache auch wirklich eines Tages wieder. Ich darf ihn nur nicht entmutigen. Seine Grenzen erkennt er selber. Mimt sich selber in seiner ungleichmäßigen Gangweise.

Eine abenteuerliche Geburt

Mit meinen 24 Jahren verlief die Schwangerschaft völlig problemlos. Ich war kräftig und gesund, die Gewichtszunahme äußerst normal. Nur die Hitze des türkischen Sommers machte mir zu schaffen. Durch langes und häufiges Schwimmen wusste ich sie zu ertragen, denn wir wohnten direkt an der asiatischen Küste des Marmarameers. Meine Mutter stand mir zur Seite und freute sich darauf, ihr erstes Enkelkind in den Arm zu nehmen. Am wichtigsten war ihr aber, der jungen Mutter das Stillen beizubringen, denn sie selber hatte jedem von uns fünf Geschwistern etwa zwei Jahre lang die Brust gegeben. Nichtsdestotrotz trat ein unverhofftes Hindernis ein: Das Kind wollte zu dem vom Arzt kalkulierten Zeitpunkt nicht in diese Welt treten. Und der Gynäkologe riet zum Kaiserschnitt. Da hatte er aber die Starrköpfigkeit meiner Mutter nicht in seinem Kalkül! Sie hielt nichts von der traditionellen Medizin, akzeptierte nur Aspirin, die Wärmflasche und Meerbäder voller natürlichem Iod als einzige Heilmittel.

Wir sagten Ade zum heimeligen Einzelzimmer in der damals einzigen Privatklinik in der eine Viertelmillion zählenden Provinzhauptstadt. Uns dämmerte, dass der kluge Frauenarzt ein Geschäft witterte. Ich sah schon meinen straffen Körper durch hässliche Narben verunstaltet, mich stöhnend und ächzend vor Schmerzen. Doch erst mal machten wir uns auf den Weg, weitere fachkundige Meinungen einzuholen. Im städtischen Krankenhaus teilte mir der Arzt mit, alles sei in Ordnung, das Datum stimme halt nicht, man müsse noch warten. Vorsichtshalber entnahm man Fruchtwasser, um ein Übertragen des Babys auszuschließen. Ein wenig beruhigt kehrten wir in das dreißig Kilometer auf kurvenreichen Straßen durch die hügelige Landschaft zu erreichende M. zurück. Da zu dieser Zeit, im Jahre 1974, noch keine Handys existierten und auch telefonisch keine Auskünfte erteilt wurden, mussten wir einige Tage später den einstündigen, unwirtlichen Weg ins Krankenhaus antreten, um dort persönlich das Ergebnis der Fruchtwasseruntersuchung in Empfang zu nehmen. Die Krankenschwester suchte und suchte, fand aber meinen Namen nicht. Man könne ja die Entnahme wiederholen, meinte sie. Dazu war uns aber nicht zumute, denn wir hatten jegliches Vertrauen in die Einrichtung verloren.

Stattdessen zogen wir weiter, zum Krankenhaus der Krankenversicherung. Der dortige Frauenarzt teilte die Meinung des Arztes vom städtischen Krankenhaus: Das Datum des 8. Augusts sei zu früh angesetzt, der Kopf des Kindes habe sich noch nicht nach unten gedreht, dies würde aber bestimmt in den nächsten Tagen geschehen. Also Geduld haben, es sei überhaupt kein Grund zur Panik. Dazu bestanden übrigens noch andere Gründe, denn die Türkei befand sich gerade im Kriegszustand wegen Zypern. Obwohl die geteilte Insel um die 700 Kilometer von uns entfernt lag, mussten wir dennoch abends per Dekret Verdunkelungsmaßnahmen durchführen. Das Radio bescherte einzig und allein martialische Musik, die uns nicht zum Zuhören einlud. Sehr viel näher trat der Krieg aber nicht an uns heran, und es verirrte sich auch nie eine Bombe zu uns. In dieser Zeit geborene Türken erhielten vermehrt Namen, die mit den damaligen geschichtlichen Umständen zusammenhingen, z.B. *Savas* (Krieg) oder *Baris* (Frieden).

Die Tage vergingen; ich dehnte meine Meerbäder mit oder ohne Wellengang auf eine Stunde aus, in der Hoffnung, die Bewegung treibe den Beginn der Geburt an. Aber nichts tat sich, außer dass einige entsetzte Türkinnen meine Mutter fragten, ob ich wohl im Meereswasser entbinden wolle. Am 23. August fuhren wir dann zu einer nochmaligen Kontrolle zum Krankenhaus der Krankenversicherung, das einzige in Frage kommende, da die anderen beiden existierenden Krankenhäuser für uns gestrichen waren, das eine wegen des geldgierigen Chirurgen, das zweite wegen seiner Unordnung. Da erhielt ich eine freudige Nachricht: Die Geburt habe eingesetzt, es würde noch viele Stunden, vor allem bei einer Erstentbindung, dauern, aber ich solle schon mal bleiben, da ich ja so weit entfernt wohnte. Ich trug mich also bei der Rezeption ein und wurde danach in ein Mehrbettzimmer geführt. Dort lagen mehrere einheimische Frauen in ihren Betten und winselten und heulten um die Wette. Dieser Kakophonie gesellte sich ein unangenehmer Anblick: In einem riesigen Eimer häuften sich die Nachgeburten nebst blutgetränkter Einlagen. Meine Mutter und ich schauten uns kurz an und nahmen Reißaus.

Eine waghalsige Entscheidung, denn in der Großstadt gab es außer den drei von uns bereits aufgesuchten Krankenhäusern keines mehr. Wohin also? Ins spärlich ausgestattete staatliche Krankenhaus in unserem 7.000 Seelen zählenden Dorf. Ohne Frauenarzt, ohne jegliche lebensrettende Gerätschaften. Aber erst mal fuhren wir zum Abendessen zu Freunden, die uns eingeladen hatten. Ich war eher abwesend, aber das spielte keine Rolle. In der Nacht platzte dann die Fruchtblase, und meine Mutter meinte, nun würde es Zeit, ins Dorfkrankenhaus zu fahren. Die übernächtigte Hebamme untersuchte mich und meinte unwirsch, es würde noch Stunden dauern, ich hätte noch zu Hause bleiben können. Auch hier kein optimaler Start. Um sieben Uhr morgens besuchte mich mein Ehegatte, fuhr dann enttäuscht in die Arbeit weiter und übergab meiner Mutter das Auto, damit sie mich begleiten konnte. Sie saß auf dem zweiten Bett in meinem Zimmer. Wir lauschten den Wellen nach, die direkt an die Gebäudewand schlugen. Wir fühlten uns wie im Rausch, als wir an die Begebenheiten in den anderen Krankenhäusern dachten. Hier war ich die einzige Patientin. Die Hebamme für mich alleine. Alles sauber und ordentlich. Plötzlich sprang meine Mutter auf und rief nach der Hebamme: *„Es ist so weit. Beeilen Sie sich!"* Tatsächlich! Ich schleppte mich in den Entbindungsraum, wo ich mich auf den Gynäkologenstuhl setzte, die Füße fest auf die Stützen stemmen konnte, was dem Pressen zugutekam. Meine Mutter trat ebenfalls ein und war somit zum ersten Mal in ihrem Leben Beobachterin einer Geburt, obendrein derjenigen ihres ersten Enkels. Sie feuerte mich an: *„Es kommt! Ich sehe den schwarzen Kopf! Ach nein, jetzt ist er wieder fort. Noch mal pressen!"* Es dauerte aber gar nicht lange, und um 9 Uhr morgens des 24. August, also 16 Tage nach dem Stichtag meines ersten Frauenarztes, war mein Sohn geboren, so schnell, dass die Hebamme keine Zeit für Schnitte gehabt hatte, die auch gar nicht notwendig waren. Die Hebamme wog ihn – 3750 Gramm -, wusch ihn und kleidete ihn auf türkische, dörfliche Art: Sie wickelte ihn wie eine Mumie von Kopf bis Fuß ein, denn die einfachen Leute hegten den Glauben, dass die Glieder nur auf diese Weise gerade wachsen würden. Aber vielleicht missfiel meinem Bub diese strenge Haltung, und er schrie. Die Hebamme konnte sich keinen Reim daraus machen und verordnete, dass wir mit dem kürzlich von der Firma meines Mannes gespendeten

Krankenwagen zur Kontrolle durch einen Kinderarzt in die Stadt fuhren. Mutter und Neugeborenes sollte man nicht trennen, also wurde ich liegend transportiert, meine Mutter gesellte sich zu uns, nachdem sie meinen Mann telefonisch informiert hatte.

Der Krankenwagen fuhr mit Blaulicht und Sirene in mörderischem Tempo die kurvenreiche Strecke entlang, so dass ich mir Sorgen machte, dies würde unsere letzte Fahrt überhaupt sein. Ich stellte mir auch meinen Mann vor, der hinter uns herfuhr und versuchte, mit der Geschwindigkeit unseres Chauffeurs mitzuhalten. Auch sein Ende sah ich kommen. Aber wir hatten Glück, keine Schafherde überquerte die Straße, kein Eseltreiber war hier unterwegs, und wir gelangten wohlbehalten ins Krankenhaus. Nun begann die Warterei, denn es war Samstagmorgen, alle Ärzte in der Sommerfrische, eher wohl in der Umgebung unseres an der Küste gelegenen Dorfes, das als Badeort für die reichen Städter galt. Als einer nun endlich auftauchte, untersuchte er meinen Sohn gründlich und zeigte ihn mir schließlich an seinem Zeigefinger hängend wie ein Affe. *„Dieses Baby soll etwas haben? Es ist völlig gesund, fahren Sie mit ihm nach Hause!"* Vollkommen erleichtert und heilfroh fuhren wir tatsächlich in unsere Wohnung und nicht mehr ins kleine Krankenhaus zurück. Dort hatten wir nichts mehr zu suchen. Erst jetzt konnte ich mich richtig über mein Kind freuen, frei von Ängsten. Obwohl ich nach einigen Tagen doch noch einen Schrecken bekam, denn es wurde gelb. Die Neugeborenengelbsucht bekämpften wir mit Wassergaben im winzigen Löffelchen. Meine Mutter verbot mir, sie ihm aus einer Babyflasche zu verabreichen, denn deren Löcher sind größer als die der Mutterbrust, und es besteht die Gefahr, dass das Baby sich die harte Arbeit des Saugens an der Warze ersparen möchte und die Flasche vorzieht. Die Mühsal des einige Tage währenden Wasserverabreichens mittels Löffel haben wir alle durchgestanden, so dass ich das Stillen fortsetzen konnte.

Mein Sohn wuchs prächtig heran, war aber durch seine Geburt auf türkischen Boden kein türkischer Staatsbürger. Er erhielt die Nationalität seines Vaters, die von Ecuador. Dafür mussten wir uns ans Konsulat in Deutschland wenden, denn in der Türkei gab es überhaupt keins. Das nächste befand sich in Athen. Der erste Pass von Sebastian bestand aus einem Din-A 4 Blatt mit einem besonderen Foto von ihm. Man hatte mir gesagt, dass wir für dieses Provisorium irgendein Bild hernehmen konnten. Da meine Auswahl sehr beschränkt war, nahm ich eins, wo er nackig auf dem Wickeltisch inmitten von Windeln lag. Dieser Wisch ermöglichte es uns, wenige Monate später mehrere Grenzen mit dem Auto problemlos zu passieren: Die von der Türkei nach Griechenland, von dort nach Italien, dann weiter in die Schweiz und schließlich nach Deutschland, wo er dann einen richtigen Pass erhielt.

Im Übrigen verlief die Geburt meiner Tochter sechs Jahre später in Santiago, sozusagen am anderen Ende der Welt, ohne viel Aufwand.

31. Dezember 2005

Es ist unglaublich. Seit einem Monat geht es ihm – ein paar kurze Rückfälle ausgenommen – ausgezeichnet. Die Schmerzen sind weg und er ist guter Dinge. Noch wichtiger: Er erkennt an, dass es ihm besser geht. Mein Bruder meinte kürzlich verstohlen zu mir: *„Sag mal, Manuel möchte doch sicherlich sterben, oder?"* Meine Antwort hat ihn in Erstaunen versetzt: *„Du irrst dich, wir alle hängen am Leben, auch wenn es nur noch aus Fetzen besteht."* Also fragte ich Manuel direkt, ob er glücklich sei, und er bejahte! Ich fragte ihn, ob ich ihn gut pflege, ob er zufrieden sei, und er bejahte! Ein Glück! Er sieht also die Realität um sich. Er protestiert auch nicht, wenn er diese letzte Dezemberwoche jeden Tag zur Physiotherapie der Krankenkasse soll. Er mag sie ja nicht besonders. Der Raum ist alt und vergammelt, der Unterricht in der Gruppe. Aber auch hier: Er sieht ein, dass ihm diese Therapie geholfen hat, zum ersten Mal bedankt er sich beim Therapeuten, der sich sehr um seine Patienten bemüht. Manuel hat immer eine Beziehung zu seinen Therapeuten aufgebaut. Bis dato aber nicht zu den beiden Krankengymnasten der Krankenkasse. Deswegen zeigt nun diese Wandlung in ihm umso krasser seine Bewusstseinsentwicklung. Dies ist alles erfreulich.

Denn seine Gleichgültigkeit, sein Achselzucken, wenn er um eine Entscheidung, eine Meinung gebeten wurde, das war nervend. Es gab nie ein klares Nein oder Ja. Aber dies ist typisch bei seinem Krankheitsbild. Vielleicht ändert es sich demnächst.

Es ist wahnsinnig wohltuend, nun den Kindern mitteilen zu können, dass es ihm besser geht, und zwar anhaltend besser. Jetzt fühle ich, dass ich etwas geleistet habe. Ich mag nicht zurückschauen und auch nicht in die ferne Zukunft. Ich will nichts von Schmerzen, Leiden wissen. Es würde mich jetzt niederdrücken.

Die Nächte sind natürlich auch besser. Er wacht immer noch zweimal zum Wasserlassen auf, aber wir schlafen beide gleich wieder ein, bei mir dauert es natürlich ein wenig länger als bei ihm. Ich sage mir, ich bekomme nicht genügend Schlaf. Ich müsste mich erst mal richtig erholen. Ich habe zehn harte Monate hinter mir. Und darf ja auch jetzt noch nicht eine Nacht durchschlafen. Ob ich ein wenig besser aussehe? Ist nicht so wichtig. Wichtig ist, dass ich bei Kräften bleibe. Wer weiß, was mir noch bevorsteht, wozu ich meine Energien noch benötigen werde. Also nehme ich Schlaftabletten zu mir, vor allem um schnell wieder einschlafen zu können. Ich merke, dass mein Schlaf anders ist, dass ich überhaupt nicht träume. Bin ich gedopt? Gut ist es auf keinen Fall, das steht fest.

Er hört gerade den Schluss der Neunten und weint dazu. Die Musik ergreift ihn sehr, mehr als früher. Er ist sensibler geworden. Ob es mit der Krankheit zu tun hat oder ob diese Veranlagung für Musik immer vorhanden war und nie richtig ausgeschöpft wurde, weil er seine Begabung auf dem mathematischen Zweig ausgebaut hat? Vielleicht lag die Musik nicht weit, und er hätte einen guten Musiker abgegeben. Dabei hat er nie ein Instrument gelernt. Jetzt mit der Linken wird es noch weniger möglich sein. Zum Malen war er schon immer begabt. Er hat an zwei Ausstellungen mitgewirkt, bei einer in Coburg, die zweite fand in der Türkei statt. In letzter Zeit hat er weniger geschaffen, aber seine Portraits waren von hervorragender Qualität. Ich versuche, ihn dazu zu überreden, wieder den Sepiastift oder die Aquarelle in die Hand zu nehmen. Das in seinem Tiefsten Angestaute, das, was er nicht mittels Sprache zum Ausdruck bringen kann, fände hierdurch ein Ventil. Aber nein, er sträubt sich. Nichts zu machen. Warum akzeptiert er nicht das, was ihn aus seiner Isolation befreien würde? Dabei kopiert er akkurat ein einziges Mal einen Kopf aus einem Buch, eindeutiger Beweis für sein noch bestehendes Können. Auch kleine Sätze schreibt er in ordentlicher Schrift mit seiner linken Hand ab. Er kann, aber er will nicht. Ich gebe auf.

Ich muss langsam an eine andere Beschäftigung für mich denken. Denn, wenn das Haus im März fertig ist und ich die restlichen Dinge gekauft habe, kommen wir in eine neue Routine, die gefährlich werden kann. Aber was soll ich tun? Eine Lehrtätigkeit bindet sehr. Und ich kann ja nicht sicher sein, dass ich durchhalten kann. Alleine vor mich hin forschen? Z.B. über das Leben der chilenischen Dichterin, die einmal meine

Literaturlehrerin gewesen ist? Das könnte ich auf jeden Fall ins Visier nehmen. Dagegen spricht nichts. Ich werde wohl kaum jetzt auf Anstellungssuche gehen.

Manuel geht neuerdings an meinem Arm und macht große Schritte. Auch das Fahrrad – in miserablem Zustand – bei der Therapie der Krankenkasse hat er ein paarmal ausprobiert. Wenn es damit gut klappt, werde ich ihm eins kaufen. Zumindest ist seine Phobie davor verschwunden. Er hatte ja in der Reha in Deutschland wahnsinnige Schmerzen davon bekommen und wollte partout nicht mehr aufsteigen. Was ihm auch Spaß macht, sind Armübungen mit Gewichten. Das hat der Krankenpfleger eingeführt und Manuel macht das gerne mit, erinnert ihn sogar daran. Männersachen! Auch mit dem Theraband arbeitet er gerne, die Möbel, an denen wir es befestigen, zerreißen es aber.

Manuel weigert sich nun auch nicht mehr, mit an die Promenade zu kommen. Als es ihm schlecht ging, warf er immer ein, er sei zu müde. Ich weiß nicht, ob es ihm jetzt Spaß macht oder ob er mitkommt, weil er mir einen Gefallen tun möchte. Ich genieße es. Es ist wohl wie früher: Er macht bestimmte Dinge mit, weil er einsieht, dass sie mir und letztendlich auch ihm gut tun.

Wir ziehen nun aufs Land, und ich befürchte, die Tage werden lang werden. Die Therapien bringen sicherlich ein wenig Abwechslung hinein, und in 21 Tagen ist dann unser Sohn da. Hoffentlich wird es nicht zu heiß.

Wir bleiben in unserer Einsamkeit eingesperrt. Auf uns selber angewiesen. Jetzt noch mehr als früher. Durch Manuels Lage bin ich verunsichert, mein Gesprächsstoff hat sich reduziert, da ich wenig erlebe, oder nur auf einem bestimmten Gebiet, das die anderen Menschen nichts angeht und vor allem nicht interessiert. Ich muss damit leben, dass wir jetzt nicht gerade anziehend wirken. Ich kann weder die anderen ändern, noch ihnen meine Werte übermitteln. Es ist dennoch traurig.

15. April 2006

Wir befinden uns nun schon dreieinhalb Monate auf dem Land in Wartestellung, dass unser Haus in Santiago endlich fertig ist. Ich hegte Befürchtungen bezüglich der Therapien, die hier nicht ausreichen würden, und nun scheinen wir tatsächlich ein akutes Stadium erreicht zu haben, in dem der Umzug baldmöglichst vonstattengehen muss!

Ich hatte immer schon das Gefühl gehabt, derart unter Manuels Fuchtel zu stehen, so stark an ihn gebunden zu sein, dass ich wie an ihn gekettet bin, und sogar versuche, durch Krankheiten ihm gleichzukommen. Es fing schon damit an, dass ich mir beim Schifahren 1999 einen derart komplizierten Bruch am Bein zugezogen habe, dass man mir das Tennisspielen, das Schifahren, usw. verboten hat, Sportarten, die ich nach damaliger Sicht nie mehr würde ausüben können. (Was sich aber nicht bewahrheitet hat: Nur das Schilaufen musste ich komplett aufgeben.) Psychologisch gesehen kann ich dazu sagen: Manuel hatte Ende 1998 eine Thrombose bekommen, wodurch ihm einiges untersagt wurde, wie beispielsweise eine Reise nach Peru. Das Schilaufen hatte er eh schon vor Jahren aufgegeben. Mir kommt es so vor, als wollte ich mich durch den komplizierten Beinbruch seiner Lage angleichen, ihn nicht alleine lassen, ihm Gesellschaft leisten. Das sah dann so aus, dass wir beide langliefen, was mir auch enormen Spaß bereitet. Aber dieser Druck zieht noch weitere Konsequenzen nach sich: Er ist ja nun halbseitig gelähmt, kann zwar wieder gehen, aber seinen rechten Arm und seine rechte Hand sind untauglich. Was mache ich? Ich leide, kaum ein halbes Jahr nach seinem Schlaganfall, an Schmerzen am rechten Daumen. Diagnose: Rhizarthrose. Behandlung dafür gibt es nicht, nur schmerzlindernde Medikamente. In Extremfällen wird eine Schiene angelegt. Ich kann kaum noch eine Orange auspressen, manchmal gleiten mir Dinge aus der Hand und zerbersten, das Lenkrad führe ich nach Möglichkeit nur mit der Linken, das Einlegen der Gänge fällt mir schwer, ich merke, dass ich anfange, meine linke Hand mehr in Einsatz zu bringen. Ahme ich schon wieder meinen Gatten nach? Er ist rechtsseitig gelähmt, isst seit einem Jahr mit der Linken, schreibt einwandfrei mit dieser Hand, während die rechte vollkommen lahm daliegt. *„Es kann doch nicht wahr sein!"*, sage ich mir. Meine Abhängigkeit kann doch nicht bis zur unbewussten Selbstverstümmelung führen!

Und dann bin ich bei unserem Familienfrisör. Anhänger des Reiki. Er spricht mich auf die psychologischen Deutungen von Krankheiten durch Reiki an. Das interessiert mich. Ich lese in seinen Aufzeichnungen nach. Die Erklärungen passen genau zu meiner Theorie: Der Gelähmte möchte den geliebten Menschen an sich binden, ganz für sich in Anspruch nehmen. Wie war das noch? Was pflegte ich Manuel zu sagen, als er mir das Leben auf dem Lande für unseren Lebensabend vorschlug? *„Ich halte es hier nicht aus! Ich komme in dieser Einsamkeit auf dem Lande um! Ich muss in die Stadt ziehen. Und dann dieses Haus! Alle Fenster mit Gittern gesichert! Wunderschöne, verschnörkelte Meisterwerke! Aber ich fühle mich wie im Gefängnis, ja eingesperrt. Ich möchte raus! Ich möchte weg! Ab und zu hier sein. Ein Wochenende hier verbringen, okay."* Und er? Er liebte diese Zurückgezogenheit nach einem Leben in Flugzeugen, auf Meetings, immer mitten im Geschehen. Das habe ich aber nicht erlebt! Ich bin nie einer geregelten Arbeit nachgegangen. Ich bin ihm mit den Kindern ins Ausland gefolgt, habe mir mal schnell ein vorübergehendes Arbeitsverhältnis aufgebaut, um dann nach ein paar Jahren wieder woanders mühsam von vorne zu beginnen. Ich bin noch nicht ausgelaugt! Ich brauche den gesellschaftlichen Kontakt. Ich brauche die Hauptstadt. Und tatsächlich: Drei Wochen vor seinem Schlaganfall fanden wir dort ein Haus, das uns beiden gefiel. Ich flog alsbald nach Deutschland, während sich Manuel um den Kauf kümmern sollte. Aber der Notar stellte fest, dass die Besitzverhältnisse nicht in Ordnung waren. Also doch kein Haus in der Stadt.

Außerdem war ich unterwegs zu unserer Tochter Ines nach Kanada, zu ihrer ersten Entbindung. Ich sollte bei der Geburt dabei sein, der jungen Mutter in der Fremde beistehen. Daraus wurde nichts, denn ich musste zurückfliegen nach Chile, da Manuel drei Tage vor meinen Abflug von Deutschland nach Kanada den Schlaganfall erlitt. Meine Deutung seiner Gedanken: *„Ich verliere dich durch dieses Baby. Du wirst öfters hinüber wollen. Du* *entgleitest mir. Nein, bleib vollends bei mir."* Genau das, was beim Frisör im Reikiheft nachzulesen war. Ich liege mit meiner intuitiven Interpretation bestimmt nicht falsch.

Nun sitze ich wieder hinter Gittern, eingesperrter denn eh und je. Und ich lebe doch, wird man sagen. Ja, auch die Gefängnisinsassen schaffen es, weiterzuleben. Aber mein Mann hat nun noch eine weitere Tortur für mich erfunden: In der Früh, wenn ich mit den gymnastischen Übungen mit ihm beginne, darf ich die Fensterläden nicht öffnen. Warum? Es ist ihm kalt – bei 22° Raumtemperatur! Durch die dünnen Fensterscheiben tritt kalte Luft ein, die er spürt. Also muss ich das elektrische Licht anmachen, die zugeschlagenen inneren braunen Fensterläden bewundern, statt der aufgehenden Sonne, die den Himmel in Rosatönen färbt, guten Tag sagen zu dürfen. Ich empfinde es als eine weitere Schikane, als eine Strafe, als wolle er mir nochmals beweisen, ich hätte ja immer übertrieben mit der Behauptung, ich halte es auf dem Lande, in dieser gottverlassenen Einsamkeit, nicht aus.

Es ist wahr. Der Mensch verträgt viel mehr Schmerz und Einschränkungen, als er glauben möchte. Glücklich bin ich natürlich nicht. Es ist ein Hingleiten von einem Tag zum anderen. Und gerade diese Einstellung soll falsch sein, erklärt mir meine Tochter Ines. Die Psychologin, die sie in Kanada aufsucht, bei der sie, wie sie es ausdrückte, ihren ganzen seelischen Müll ablädt, erklärte ihr, man müsse sich auf jeden Fall langfristige Ziele setzen. Ich soll mir langfristige Ziele setzen? Da kann ich ja nur lachen! Ich bin froh über jeden einzelnen Tag, an dem es uns halbwegs gut geht! Ich fürchte den morgigen und noch mehr die ferneren Tage, Wochen oder Monate, die alle in ein riesiges Fragezeichen gehüllt sind. Wie lange wird es uns noch relativ gut gehen? Da soll ich mir Ziele setzen? Das grenzt ja an Hohn! Wo ich mir doch nicht einmal vornehmen könnte, an der Uni oder sonst wo eine Stelle anzunehmen.

Aber der Gedanke, sich beim Psychologen zu entladen, den Ballast loszuwerden, den man niemandem zumuten möchte, auf diesen Gedanken war ich nicht gekommen. Ich hatte im Psychologen den Ratgeber, den Helfer gesehen, der einem Anleitungen, Lösungen bieten sollte, wozu jener in der Reha nicht in der Lage gewesen war. Somit hatte ich weitere Kontakte zu Psychologen abgelehnt. Damit sie mir mit den bekannten Floskeln kommen, ich solle Zeit für mich einteilen, wo ich Energien tanken könne, Abwechslung, usw., Dinge, die ich schon weiß und die man überall zu lesen und zu hören bekommt. Das war mir zu billig gewesen. Aber die Idee der reinen Entlastung finde ich ausgezeichnet. Ich bezahle jemanden sozusagen, damit er mir zuhört, zustimmt, mich bemitleidet. Und ich kann wieder gehen, ohne unter Gewissensbissen zu leiden, weil ich ihm womöglich auf die Nerven gegangen bin, und er mich vielleicht nie wieder sprechen möchte. Dies wäre bei Bekannten der Fall. Denen sage ich: Alles geht seinen Weg. Und die fragen nicht weiter nach. Wollen ja im Grunde nichts erfahren, fragen nur aus Höflichkeit. Ich habe mir angewöhnt, die Leute anzulügen. Ich antworte auf ihre Fragen mit einer Floskel. Damit hat es sich für die andere Person. Eine traurige Lage, die meinige.

Oder fehlt es mir nur an Bescheidenheit? Eher an Demut, die die Heilige Teresa von Avila wie folgt definiert: Man solle sich nicht unterwerfen, nein, man soll erhobenen Hauptes Mäßigung zeigen. Eine tolle Kombination! Zurückhaltung mit Würde! Genügsamkeit zusammen mit eigener Wertschätzung! Nachahmenswert!

Ich versuche Manuel klar zu machen, dass es anderen Menschen viel dreckiger geht. Im Sanitätshaus sieht er einen etwa zehnjährigen spastischen Jungen im Kinderwagen. Dieser Junge hat nie Ball gespielt und wird es nie tun. Manuel hingegen hat das Leben 70 Jahre lang in vollen Zügen genossen. Und dieses Kind hat bestimmt konstant Schmerzen. Ebenso liegt der Fall bei einem Krebskranken. Aber das leuchtet ihm nicht ein.

18. Mai 2006

Ich komme nicht zum Schreiben. Diesmal, weil Ines mit Max vier Wochen zu Besuch da waren. Eine sehr schöne Abwechslung.

Ich muss sagen, im Allgemeinen hat sich unsere Lebenssituation gebessert. Dennoch erleben wir Tiefen. Manuel benutzt ja zum Gehen nicht mehr die starre Gehhilfe, die den ganzen Fuß samt Bein bis zum Knie festhält. Wir haben eine kleine flexible im Einsatz, die nur den Knöchel stützt. Diese Neuerung war wochenlang erfolgreich. Auch ging er vollkommen ohne Gehhilfe, mit festen Schuhen, die seinen Fußabsatz unterhalb des Knöchels stark umfassten. Aber nun hat er Schmerzen im Fuß. Wir wechseln zwischen leichter Gehhilfe und den guten Schuhen. D.h., wir haben vorher alle seine Schuhe durchexerziert. An jedem hat er etwas auszusetzen. Ich weiß natürlich nicht, ob es Einbildung ist oder Realität. Also sind wir zum Orthopäden. Der meint, ohne ihn besonders durchzuchecken, die Schmerzen stammen von seinem gesteigerten Tonus. Er solle Medikamente dagegen einnehmen. Dies tut Manuel einige Tage. Dann mag er nicht mehr. Nächster Versuch: Wir begeben uns zu einem Sanitätshaus, das orthopädische Schuhe herstellt. Da kann Manuel nichts Fertiges anprobieren und weigert sich, Schuhe anfertigen zu lassen. Ich sage ihm, wir riskieren das Geld, wenn es nicht klappt, dann schmeißen wir die Schuhe halt weg. Er weigert sich. Also zum nächsten Geschäft, wo man Gehhilfen anfertigt. Der Techniker schaut sich Manuel an und äußert seine Meinung über die Art der Gehhilfe. Er fertige aber nur nach ärztlichem Rezept. Also vereinbare ich einen Termin, diesmal bei einem anderen Orthopäden, in der Hoffnung, er werde Manuel genauer, liebevoller, interessierter anschauen.

Inzwischen hat Manuel eine Neuerung für seine bestehende Gehhilfe erfunden: Er lässt die Polsterung weg! Wir binden also nur eine leichte Plastikschale um seinen Knöchel! Die man ihm wieder abnehmen muss, sobald er sitzt. Das war schon immer so. Aber nervig ist es trotzdem. Und anstrengend auch.

Das Schlimmste ist, wenn er mit seinen komischen Silben versucht, einem klar zu machen, was ihn bedrückt, was er will. Das macht mich immer noch fertig.

Wir haben nun die Logopädie wieder aufgenommen. Durch die Monate auf dem Lande, wo die Fachkräfte mal da waren, mal in Urlaub, hatten wir diese Sparte etwas vernachlässigt. Aber jetzt stellt sich heraus, dass mein Arbeiten mit ihm oder der Krankheitsverlauf als solcher positiv verläuft. Er schafft es viel selbständiger, Worte auszusprechen. Nicht spontan, mit Anregung natürlich. Er nimmt sich die Zettelchen vom Obst und Gemüse, die er mit der Logopädin durchgegangen ist, mit nach Hause. Wir üben, und es geht wie geschmiert. In der dritten Sitzung sind es schon Wortkombinationen. Hoffentlich kommt die Sprache. Er ist ja doch so isoliert. Zählt nicht mehr. Bei meiner Schwester Berta zum Muttertag eingeladen, wird ihm ein Sitzplatz in der wärmenden Sonne zugewiesen, fernab vom Treiben des Rests der Meute. Also muss ich die ganze Zeit ebenfalls abseits sitzen. Er meint zwar, ich solle zu den anderen hinüber ziehen. Ich kann ihn aber unmöglich alleine lassen. Mein Bruder Luis gesellt sich zu uns, Gott sei Dank. Aber ich stelle immer wieder fest, dass meine Schwester Berta nicht weiß, wie sie mit der neuen Situation umgehen soll. Bei ihrem Geburtstag, vor einem halben Jahr, als ich vorschlug, Manuel solle sich auf dem Sofa im kleinen Wohnzimmer ausruhen, schrie sie auf: Um Gottes willen! Jetzt erscheinen doch gleich meine Freunde! Die haben sich alle im Freien niedergelassen, hätten ihn gar nicht mal gesehen. Aber der Hintergedanke war klar: Ein Kranker gehört nicht zu den gesunden Mittvierzigern. Unangenehme Aspekte unseres Lebens wollen wir so lange wie möglich aus unserem Blickfeld entfernen. Und ich muss sagen, ich verstehe diese Ansicht. Warum? Tja, weil ich sie bis dato auch vertreten habe! Im Nachhinein schäme ich mich zwar dafür, aber es hilft nichts. Erst jetzt, wo ich einen Kranken pflege, weiß ich, wie hart wir Gesunden die *Anderen* beurteilen. Einige Beispiele meines ehemaligen Verhaltens diesbezüglich:

Bei einer Vormittagsbridgegruppe bat uns die Gastgeberin, uns rasch an die Tische zu setzen und das Turnier zu starten, da eine der teilnehmenden Damen zeitig heim müsse, um ihrem krebskranken Ehemann zur festgesetzten Zeit das Mittagessen zu verabreichen. Mein wahrlich nicht heroischer Gedankengang und wahrscheinlich derjenige einiger anderer Damen, die ebenso wenig wie ich der Aufforderung Folge leisteten: *„Warum bleibt sie nicht zu Hause? Was hat sie hier zu suchen?"* Heute hingegen schreie ich entsetzt auf: *„Sie muss doch raus! Sie braucht die Abwechslung wie die Luft zum Atmen!"*

Zweites Beispiel: Ich lud meine Kusine mit Ehemann zum Mittagessen ein. Sie brachte auch ihre Tochter mit. Diese leidet an zerebraler Parese, sitzt im Rollstuhl, verkrampft sich ständig spastisch, stellt keinen erheiternden Anblick dar. Ich fragte mich verwundert und ein wenig schockiert, warum meine Kusine diese unangenehme Erscheinung überall mitnehme. Inzwischen tue ich dasselbe: Mein Mann soll teilhaben am Leben, er kommt mit auf Geburtstage, Hochzeiten, ins Kino, in die Oper, ins Restaurant.

Mein schlimmstes Vergehen gegenüber einem Kranken bestand aber in der Nichteinladung eines Onkels zu einer Familienfeier, zu der ich alle anderen Familienmitglieder inklusive deren Nachkommen gebeten hatte. Er war Epileptiker, und seine Ausbrüche, die mir seit meiner Jugendzeit noch in der Erinnerung haften geblieben sind, sollten nach Angabe einer Tante im Alter noch schlimmer geworden sein. Ich trug noch klar die Bilder und den Klang der epileptischen Anfälle meines Onkels am Mittagstisch des großelterlichen Hauses im Gedächtnis. Der Arme knirschte mit den Zähnen, starrte, die Augen weit geöffnet, vor sich hin, das heitere Gespräch unter den Erwachsenen verstummte schlagartig, und ich hätte mich am liebsten vor Angst unter den Tisch verkrochen. Inzwischen ist er verstorben, ohne dass ich mich bei ihm für meine Unterlassungssünde entschuldigt habe.

Jetzt weiß ich, dass erst der Leidensweg uns reifen lässt, dass man durch die Hölle gewandelt sein muss, um unangenehme, unbekannte Situationen zu begreifen. Und ich verzeihe aufrichtig den Menschen, die zusammenzucken, wenn sie den Rollstuhl sehen oder wenn sie den Schwerbehinderten, den sie von früher kennen, nicht grüßen. Sie können nicht anders, noch nicht.

Es ist sehr schmerzhaft, dass ich sogar das Personal oder Handwerker darauf hinweisen muss, dass sie Manuel besonders achten müssen. Sie, die ja von seinem Geld bezahlt werden. Sie meinen wahrscheinlich, es stamme von mir, da ich der Zahlmeister bin. Aber nein, es ist sein verdientes Geld. Es ist ganz klar, was im Leben zählt. Ohne Sprache, ohne Wichtigtuerei, ohne Worte sind wir nichts. Mich schmerzt es für ihn, denn ich weiß, dass er es merkt. Er, der stets Wortgewandte! Der die ganze Aufmerksamkeit auf sich ziehen konnte. Zentrum einer Gesellschaft war. Angelpunkt. Diese Wandlung trifft ihn hart.

Im Grunde genommen ist das Leben zu einer Routine geworden. Aus der ich flüchte, um Karten zu spielen oder um auf Auktionen zu gehen. Ich frage Ines, wie ich aussehe. Sie meint ganz offen: Gealtert! Das sind gute Aussichten für mich! Ich sehe es selber. Auch, dass sich mein Gesichtsausdruck geändert hat. Jeder kann in meinen Augen meinen Schmerz ablesen. Wer wird da noch Kontakt zu mir haben wollen! Man sucht ja nicht das Unglück, sondern im Gegenteil nur das Positive, Leichte, Fröhliche, und meidet die Komplikationen, die Unannehmlichkeiten.

Seit einigen Wochen hören wir Literatur auf Kassetten. So erspare ich mir das Vorlesen. Wir hören ein Weilchen die Geschichte, dann stoppe ich und fasse mit Kommentaren zusammen. Ob er versteht, wie viel er versteht, kann ich nicht beurteilen. Er macht es gerne. Vielleicht, weil es für ihn nicht anstrengend ist. Denn er sucht ja immer den bequemeren Weg. Natürlich hat ihn Literatur stets interessiert. Für mich ist es ermüdend, aber so gelange ich in den Genuss von *Lektüre*. Denn zum Lesen komme ich überhaupt nicht mehr. D.h. ich habe soeben das unveröffentlichte Werk meiner Kusine über ihr Krebsleiden gelesen. Und sehr schnell. Sie schreibt sehr humorvoll, darum ist das Thema gut zu verdauen. Und siehe da, ich mache wieder die Erfahrung, dass man im Leiden das Leiden anderer gut ertragen kann. Ich hätte immer gedacht, das wäre nicht möglich. Und dennoch, es ist die beste Medizin. Nicht dass ich schadenfroh wäre, nein, sondern ich bekomme das Gefühl der Relativität meines eigenen Leidens. So vielen anderen Menschen geht es dreckig, das Maß ist egal. Ich hatte in der Reha *Die Früchte des Zorns* gelesen, das ich in der Annahme geöffnet hatte, ich werde nicht weit kommen. Aber nein, das seichte Leiden dieser armseligen Farmer vollbrachte Wunder in mir. Alles kann so nichtig erscheinen je nachdem, in welchem Licht man es betrachtet. Dies ist ein Gefühl, das leider nicht lange anhält. Man versinkt wieder in den Alltag und wünscht ihn zum Teufel. Was soll's! Man muss durch, nur kenne ich die Länge des Tunnels nicht, ebenso wenig wie die Welt dahinter. Ich stehe vor einem Rätsel, das die Zeit lösen wird.

Den Kindern habe ich gesagt, ich wisse nicht, ob ich nicht eines Tages das Handtuch werfen werde. Sie haben Verständnis dafür.

Ich merke, dass mich seine Schmerzen nicht mehr so berühren wie früher. Ich sage mir, es sind seine Schmerzen, er ist im Grunde genommen Schuld an seiner Situation. Ich kopple mich ab. Selbstschutz. Ich muss an das Personal in den Altenheimen denken. Ja, erkaltet, gefühllos. Jetzt verstehe ich es. Es handelt sich um eine reine Überlebensstrategie. Soll man sich kaputt machen? Nein. Und Gewissensbisse nur deswegen haben, weil man den Partner nicht mehr so bemitleidet? Nein. Das tue ich mir nicht an. Ich setze alle meine Energien dafür ein, dass es ihm gut geht. Es gelingt nicht? Pech gehabt. Mehr kann ich nicht tun. Ich habe sowieso in dieser Zeit einiges von meinem Leben für ihn hergegeben, nicht nur Lebensqualität, sondern bestimmt auch Lebensdauer. Um wie viele Jahre habe ich nun mein Leben verkürzt?

Er sagt mir, die Banane sei ihm noch nicht reif genug. Was kann ich dafür? Woher soll ich die Banane mit dem exakten Reifegrad für ihn ergattern? Er will nicht essen? Kann ich auch nicht ändern! Früher hätte ich ihn angefleht, er soll doch etwas zu sich nehmen. Nun nicht mehr. Vielleicht auch, weil ich weiß, dass er zugenommen hat, nicht weiter an Gewicht zulegen sollte, dass er sehr erstarkt ist, denn bei einer Erkältung überwindet er die Krankheit in zwei Tagen, während unser Angestellter eine Woche lang vor sich hin hüstelt. Ich bin stolz, dass ich ihn so gut ernährt habe.

Er merkt es, wenn ich sauer bin. Dann streichelt er mich, und schlägt einen lieblichen Ton an. Aber wie gesagt, ausschließlich, wenn ihm bewusst wird, dass ich beleidigt oder nervlich am Ende bin. Von sich aus ist er nie zärtlich. Ich weise ihn darauf hin, dass ich es nötig habe und er gibt mir zu verstehen, er sei doch liebevoll. Seine Sichtweise der Welt stimmt mit der meinigen nicht überein. Er sieht alles nur durch seine eigene eng angelegte Brille. Er kann es wohl nicht anders.

Aeroflot oder besser nicht mehr fliegen

Mein Mann musste für drei Monate geschäftlich in den Iran fliegen, an den Persischen Golf. Ich wollte nicht schon wieder alleine als grüne Witwe mit unserem zweieinhalbjährigen Sohn Sebastian in Deutschland verweilen. Wir vereinbarten, dass mein Ehemann sich dort nach einer angemessenen Unterkunft für uns drei umschauen würde, damit wir beide nachflögen. Nach ein paar Tagen erhielt ich die gute Nachricht, dass wir kommen sollten. Sofort besorgte ich uns die Tickets. Einerseits aus Kostengründen, andrerseits aus Interesse an Moskau wählte ich die Fluggesellschaft Aeroflot aus. Ich nahm mir vor, auf dem Heimflug einige Tage in der russischen Hauptstadt zu verbringen. Denn die Aeroflot legte auf der Route nach Teheran einen Zwischenstopp in Moskau ein.

Im Flugzeug saßen wir neben einer jungen amerikanischen Geschäftsfrau, nach Moskau unterwegs. Wir unterhielten uns sehr angenehm, als ich bemerkte, dass sie Kekse aus ihrer Tasche zog. Ich reagierte verwundert und merkte an, dass wir doch wohl bald ein Abendessen serviert bekommen würden. Es war noch in einem Zeitalter, als die Fluglinien ihre Gäste großzügig versorgten und umsorgten. Sie belächelte meine Ignoranz. *„Bei Aeroflot kann man nie wissen, wie es kommt"*, sagte sie und zog dabei noch eine Flasche Mineralwasser aus besagter Tasche. Eine erfahrene Mehrfliegerin. *„Ich habe versucht, mit einer anderen Airline zu fliegen, aber die war ausgebucht. Somit musste ich mal wieder mit dieser vorliebnehmen."* Ihre Worte wirkten nicht gerade beruhigend auf mich, die für uns zwei nicht vorgesorgt hatte. Aber es sollte viel schlimmer kommen, als meine Begleiterin mir angedeutet hat.

Durch die Lautsprecher kam die Ansage, wir sollten uns anschnallen und sitzen bleiben. Verwunderung unter den Fluggästen. Moskau lag noch Stunden entfernt, Turbulenzen wurden nicht als Grund angegeben, genauer gesagt: Gar kein Grund wurde uns mitgeteilt. Wir fingen an zu rätseln, Theorien aufzustellen, als wir bemerkten, dass wir langsam an Höhe verloren. Immer noch keine aufklärende Durchsage. Die Stewardessen zu fragen, war ebenso erfolgreich, wie eine ägyptische Sphinx um Auskunft zu bitten. Sie verzogen keine Miene, verstanden überhaupt keine Fremdsprache mehr. Erst als der Boden schon erkennbar war, wurde gnädigerweise das Geheimnis gelüftet: Der Flughafen von Moskau war vereist, wir landeten in Kiew. Aha, und wie sollte es dann weitergehen? Nochmaliges Schweigen.

Als wir vom Flugzeug in den Bus stiegen, konnten wir feststellen, dass mehrere Maschinen der Aeroflot neben denen anderer Fluggesellschaften auf dem Rollfeld standen. Der vorzeitige Kälteeinbruch, immerhin Anfang November, betraf also nicht nur uns alleine. Ein Trost, der durch den Anblick Hunderter Reisender im überfüllten Warteraum des Flughafens zunichte gemacht wurde.

Ich eilte zur Poststelle, um ein Telegramm an meinen Mann aufzugeben. Die Fluglinie bezahlte es selbstverständlich nicht, trotzdem sollte es nie ankommen! Es begann ein Kampf ums Überleben. Essen und Trinken waren keine Selbstverständlichkeit, darin hatte die Amerikanerin leider recht behalten. Diejenigen, die ein Visum für die Sowjetunion besaßen, durften sich ein Hotelzimmer in der Stadt nehmen. Zu diesen gehörte ich nicht. Die Zeit vor dem Abflug hatte für diese Besorgung nicht gereicht, und ich hatte mir vorgenommen, die Visa in Teheran zu beschaffen. Aber es war eindeutig, dass das Flughafengebäude nicht über genügend Zimmer für alle anwesenden Fluggäste verfügte. Und in der nackten Halle zu übernachten, bedeutete ein Martyrium. Ich marschierte zum Schalter der Aeroflot und bat energisch um ein Zimmer für mich mit dem Kleinen, der sich vorbildlich benahm. Man versuchte, mich abzuweisen, ich blieb aber hartnäckig und ließ nicht locker. Ich wunderte mich über mich selber. Woher entstammte diese Kraft? Die Henne, die ihr Küken schützt? Bestimmt war es der Mutterinstinkt, der mir riet, nicht nachzugeben.

Wir erhielten ein Zimmer mit nur einem Bett. Das war kein Problem. Mein Sohn schlief mit dem Kopf zu meinen Füßen und sicher auf der Wandseite. Erschöpft schlüpften wir unter die Decke. Am nächsten Morgen, während Sebastian noch fest schlief, erlaubte ich mir einen unverhofften Luxus: Ich nahm in unserem zum Zimmer gehörigen Bad ein heißes Vollbad. Das Wasser sprudelte zwar dunkelbraun aus den verrosteten Leitungen, das minderte meinen Genuss nicht im Geringsten. Danach fühlte ich mich sichtlich erholt, schaute meinen schlafenden Kleinen an und beschloss, eine Wohltat zu vollbringen. Ich wollte meiner Sitznachbarin das Baden anbieten. Als ich die Treppe in den Wartesaal hinunterstieg, überfiel mich Ungemach. Schlaftrunkenen, unausgeruhten, genervten Menschen aller Nationalitäten trat ich gegenüber. Dagegen strahlte ich Wohlbefinden und Zufriedenheit aus. Mich überkam das Gefühl, mich verstecken zu müssen, sonst hätte der aggressive Mob mich noch gelyncht! Ich hatte ihnen etwas geraubt, auf das auch sie Anrecht hatten. Da erspähte ich die übermüdete Amerikanerin. Ich winkte ihr hinüber, und sie folgte mir ins Zimmer. Glücklich stieg sie in die frisch gefüllte Badewanne. Später sollte auch Sebastian sein Bad bekommen.

An unserem Frühstückstisch saß unter anderen wichtigen Persönlichkeiten der marokkanische Botschafter, der den schönsten Persianermantel trug, den ich je gesehen habe. Also auch Botschafter verliefen sich in die Aeroflot! Wie wir diesen langen Tag inmitten der Menschenmenge verbrachten, ist mir ein Rätsel. Zu essen erhielten wir nur zwei Mahlzeiten. Die Kantine war offensichtlich von diesem Andrang überfordert. Wir beschäftigten uns mit der Deutung der verschiedenen Gerüchte, die über die Abflüge und Abfahrten kursierten. Denn nun wurden diejenigen, die ein Visum für Moskau besaßen per Bahn weitergeschickt. Ich stellte mir die überfüllten dreckigen Wagons vor, den Missmut der Fahrenden und dennoch wollte ich mit, nur weg von hier. Wieder am Schalter von Aeroflot. Und was bekam ich zu Ohren? *„Seien Sie beruhigt, Sie fliegen in einer Weile nach Moskau."* Ich: *„Wie bitte? Sie schicken diese Leute per Bahn weiter und ich soll fliegen?"* *„Ja, so ist es. Gehen Sie auf Ihr Zimmer, wir holen Sie dann."*

Sollte ich diesem Ammenmärchen Glauben schenken? Mir blieb nichts anderes übrig. Ich verabschiedete mich von der Amerikanerin und überließ sie ihrem Schicksal. Gegen 23 Uhr, also nicht nach einer kurzen Weile, sondern mehrere Stunden später, wurde an meine Zimmertür geklopft: Ich sollte kommen, wir würden gleich abfliegen. Auch aus diesem *gleich* wurde 1 Uhr morgens, aber immerhin hatten sie Wort gehalten, und wir flogen. Mein Kind war natürlich wieder aus dem Schlaf gerissen, aber es verhielt sich vollkommen ruhig. Gegen 5 Uhr morgens landeten wir dann problemlos in der russischen Hauptstadt. Von meiner Anschlussmaschine nach Teheran selbstverständlich keine Spur mehr. Mir wurden die Pässe und Flugtickets abgenommen, und man führte mich in das einfache Flughafenhotel. Die Etagentür wurde von außen abgesperrt. Wir beide so wie die anderen *Hotelgäste* waren eingesperrt, eingekerkert! Alle unserer Rechte beraubt! Ohne Ausweispapiere! Machtlos. Aber jetzt wollte ich nur noch schlafen.

Am nächsten Morgen wurden wir in einen riesigen Frühstücksraum gebracht, wo wir auch die anderen Mahlzeiten einnehmen würden. Ich kam mit einer afrikanischen Familie ins Gespräch. Sie war von der DDR aus nach Hause unterwegs. Ein Baby war auch dabei. Die Kindernahrung, die die Mutter für eine normale Flugdauer mitgebracht hatte, war aufgebraucht. Wie sollte es die verzweifelte Mama nun anstellen, ihren Säugling korrekt zu ernähren? Babynahrung wurde ihr nicht zur Verfügung gestellt. Sie verbrachten schon ihren vierten Tag im Flughafengebäude. Und kein Flug in Aussicht, da alle Maschinen ausgebucht waren! Und ähnliche Geschichten hörte ich von anderen Wartenden aus allen Kontinenten.

Warnsignale ertönten in meinem Gehirn! Kampfesgeist bildete sich heran! Ich hatte mir zwar vorgenommen gehabt, Moskau kennenzulernen, nicht aber ausschließlich das Flughafengebäude! Und ich erinnerte mich: Bei der Suche nach einer Flugverbindung nach Teheran war ich auf die der Iranair gestoßen, die jeden Dienstagabend von Moskau aus in die iranische Hauptstadt flog. Und wir hatten Dienstag! Eins war mir nunmehr klar geworden: Die Aeroflot versuchte verbissen, ihre Fluggäste zu halten, und sie nicht auf fremde Linien umzubuchen. Deswegen saßen all diese Menschen fest. Ich ging ab zum Schalter der Aeroflot. Nein, keine Plätze heute, vielleicht morgen. *„Ich weiß aber, dass heute Abend die Iranair nach Teheran fliegt! Ich will in dieser Maschine mitfliegen!"* Wie eine eiserne Lady stand ich vor dem Schalter und ließ mich nicht abweisen. Ich übertraf das Bodenpersonal in Hartnäckigkeit und Zielstrebigkeit. Man würde sich der Sache annehmen. Immerhin keine Absage. In Unruhe verbrachte ich den Rest des Tages, hin und her wandernd zwischen meinem Zimmer auf der abgesperrten Etage und dem gewaltigen

Restaurant, immer in Begleitung der mürrischen äußerst wortkargen Hostessen.

Und das Wunder geschah: Wir wurden abgeholt, bekamen die Pässe und Tickets mit der Umbuchung auf Iranair überreicht, und wir stiegen tatsächlich ins Flugzeug. Ein Stein, nein, ein Felsbrocken, fiel mir vom Herzen! Schnell noch mein drittes Telegramm in den Iran geschickt, ein weiteres, das verschollen bleiben sollte. Mein Kind verhielt sich weiterhin makellos, obwohl kein normaler Lebensrhythmus eingehalten wurde, die Mahlzeiten nach dem Zufallsprinzip eingenommen wurden, die Schlafenszeiten kaum begonnen, unterbrochen werden mussten, zum ruhigen Spielen weder Raum noch Zeit vorhanden waren. Nun sollten wir mit fast drei Tagen Verspätung Teheran erreichen, im Vergleich zu meinen Etagengenossen in Moskau ein Nichts! Wir landeten, wie konnte es anders sein, um 1 Uhr morgens in Teheran. Wieder das Kind aus dem Schlaf gerissen, Koffer in Empfang genommen und wie sollte es nun weitergehen, mitten in der dunklen Nacht in einem fremden Lande, einer nicht vertrauten Kultur? Ich konnte mich glücklicherweise an ein Hotel erinnern, das ich wenige Jahre vorher bei einem Aufenthalt in der Stadt gesehen hatte, obwohl wir nicht dort sondern privat bei Bekannten übernachtet hatten. Kurz vor drei lagen wir dann wohlbehalten in unseren Betten.

Am nächsten Morgen stand ich auf, hinterließ meinen schlafenden Sohn alleine im Bett und begab mich zur Rezeption. Dort verlangte ich die Adresse der Iranair, um mein Ticket in den Süden des Landes umzubuchen, wo sich mein Mann befand. Der Angestellte gab sie mir und fragte mich: *„Madam, are you ill?"* Oh, Gott, wie musste ich aussehen, damit er mir solch eine Frage stellte! Meine Erschöpfung trat nun ungeniert zum Vorschein. Ich, die während der drei Tage *Gefängnis* meine Kräfte beisammen gehalten hatte, ließ mich jetzt in der Freiheit gehen, öffnete alle Ventile, um den angestauten Druck abzulassen. *„No, I'm only terribly tired!"* entgegnete ich wahrheitsgemäß.

Bei der Iranair erwartete mich die nächste Überraschung: Im Überwachungsstaat des Schahs mussten Buchungen 48 Stunden vor Abflug der SAVAK, also der iranischen CIA, zur Prüfung eingereicht werden. Nochmals zwei Tage Zeit verlieren! Oh nein, ich riss mich – zum wievielten Male? - zusammen, argumentierte, lamentierte und erreichte das schier Unmögliche: Ich verließ das Reisebüro mit für den selbigen Nachmittag eingetragenen Flügen an den Persischen Golf.

Nach einem üppigen Frühstück mit meinem Sohn im Hotel gingen wir beide zur nahe gelegenen Niederlassung der deutschen Firma meines Mannes. Dort meldete ich mich an, und eine aufgeregte Sekretärin empfing mich:

„Wo waren Sie diese letzten drei Tage, Frau H.? Ihr Mann wollte schon die Botschaft benachrichtigen, wenn er heute nicht eine Meldung von Ihnen erhielt!"

Also fragte ich zuerst nach meinen Telegrammen nach, die offensichtlich im All verloren gegangen waren. Alle von mir bezahlt, und dennoch hatte kein einziges den Empfänger erreicht. Ein Glück, dass ich davon nichts erfahren hatte, ein wenig Schonung für meine strapazierten Nerven!

Nach meinem beeindruckenden Bericht der dreitägigen Entführung in sowjetischen Händen schickte die Sekretärin ein Telegramm an meinen Mann mit der wundervollen Nachricht, dass ich um ca. 18 Uhr mit Sebastian bei ihm eintreffen würde. Dieses sollte ihn wahrlich erreichen!

Und am Nachmittag bestiegen wir tatsächlich ein Flugzeug, das uns endlich an unser Ziel brachte. Und wie konnte es anders sein: Ein bravouröser Empfang erwartete uns. Eine Gruppe Mütter verabschiedete ihre Söhne, die den Militärdienst antreten sollten. Keine Küsse, keine Umarmungen, sondern ein durch den gesamten Flughafenwartesaal schallendes *Uhuhuhu*, das die Frauen durch Bewegungen der Handfläche auf dem Mund erzeugten. Typisch in der muslimischen Gesellschaft. Wir waren nun tatsächlich angekommen, und zwar in einer neuen, fremden Welt. Faszination breitete sich aus! Abenteuerlust!

Aber erst mal musste ich meine Erlebnisse verarbeiten. Ich schlief mehrere Nächte schlecht. Was ich träumte, weiß ich nicht mehr, aber bestimmt nichts Angenehmes. Die durchlebte Angst trug im Nachhinein ihre Früchte. Ich weinte viel, eine Katharsis setzte unverhofft ein. Das Ausmaß der Belastung war mir nicht bewusst gewesen. Ich hatte standgehalten, jetzt brach ich zusammen. Nach einigen Tagen besserte sich meine Stimmung. Aber ich flehte meinen Mann an: *„Kauf uns bitte ein neues Ticket!*

Ich möchte mit Aeroflot nicht zurückfliegen! Ich verzichte auf Moskau!"

Und so kam es, dass ich bis zum heutigen Tage, also um die 35 Jahre danach immer noch nicht in Moskau gewesen bin. Denn mein lieber Mann kaufte uns ein neues Ticket, diesmal mit der Iranair und ich flog mit Sebastian sicher und ruhig nach Frankfurt heim. Keinerlei Reue empfinde ich für das zusätzlich ausgegebene Geld, keine Reue, dass ich die Schätze Moskaus bis dato nicht erblickt habe. Zu groß war die erlebte Psychose, zu stark der Eindruck einer Entführung, aus der ich uns nur durch eisernen Willen und Durchhaltevermögen erlöst habe.

19. Mai 2006

Die Hölle scheint wieder beginnen zu wollen. Er verspürt wieder Schmerzen im Bein, will natürlich keine Medikamente einnehmen, auch nicht zur Akupressur und zur Krankengymnastik heute Nachmittag schon gar nicht. Schöne Aussichten. Ich bin aber viel gelassener und härter als im November. Ich drohe ihm wieder mit dem Altenheim. Dort wird er den ganzen Tag im Bett liegen, die weiße Decke über sich bestaunen können, so wie er es hier so gern tun möchte. Aber er wird sich nicht durchsetzen können, oh nein! Dort wird er kommandiert werden und ruhig gestellt! Ich sage ihm klipp und klar: Deine Befehle werden nicht beachtet und nicht befolgt! Hier wird getan, was ich sage, und im Heim, was die lieben Krankenschwestern wollen. Wie viel versteht er?

Ich werde mich durch ihn nicht zerstören lassen. Ich werde soweit alles tun, was in meiner Macht steht, aber mich selber werde ich erhalten. Ich habe noch ein Recht auf ein Weilchen gesundes Leben. Wenn ich mal krank werden sollte, werde ich wohl so wie meine Mutter handeln, so schnell wie möglich verschwinden. Es ist ja okay, dass jeder einen Anspruch auf Leben hat, deswegen habe ich ja auch einen solchen.

Ich fühle mich stärker, entschlossener als im November, vielleicht weil wir einen derartigen Tiefpunkt nicht wieder erreicht haben. Ich lasse ihn nun einfach beim Krankenpfleger, wenn er anfängt, stundenlang von seinem Bein zu erzählen. Ich bezahle ja schließlich den Mann, und er soll was tun für mein Geld! Gesetzt den Fall die Situation verschlimmert sich, so werde ich Manuel immer mehr Stunden dem Personal überlassen. Alles hat seine Grenzen!

Dabei haben wir vier gute Monate gehabt. Zwischendurch habe ich seine Schlaftabletten und auch manchmal seine Antidepressiva eingenommen. Und ich habe ihn darauf hingewiesen. Ja, er soll ruhig zuschauen, wie ich seine Antidepressiva in den Mund stecke. Er protestiert, ich solle das nicht tun. Ich bin aber der Meinung, es ist notwendig. Es war nur ein paarmal, davon werde ich nicht abhängig.

Ich habe immer weniger Zeit für mich selber. Oder ich nehme sie mir nicht. Pflege mich nicht, lese nicht.

Meine Gefühle ihm gegenüber haben sich im Laufe dieses Jahres gewandelt. Er ist mir gleichgültiger. Anfangs liebte ich ihn noch. Vielleicht werde ich ihn eines Tages hassen. Hassen, weil er so viel zerstört hat. Unser gemächliches Leben, den Frieden und die Liebe zwischen uns, die noch existieren könnte, wenn er zugänglicher wäre. Ich empfinde immer stärker, dass er Schuld an seinem und unserem Elend trägt. Man kann nicht so egoistisch und gedankenlos mit seiner Gesundheit umgehen. Wenn man trotz Vorsorge und gesundem Lebensstil krank wird, so ist nichts dagegen einzuwenden.

Meine Kusine schreibt in ihrem Buch über ihr Krebsleiden, man solle in solch einem Falle darauf vorbereitet sein, dass einem alles misslingt, ständig alles schief läuft, Murphy's Law sozusagen. Ja, so ist es. Es geht gar nichts mehr ohne Stolpersteine, ohne Rückschläge. Vielleicht erträgt man nichts mehr so leicht. Oder ein Unglück zieht das nächste an.

Ich frage mich, ob ich jemals wieder freien Blickes durch die Welt gehen werde. Oder wird mich die Traurigkeit nie wieder verlassen? Ich denke, ich muss die Leute abstoßen. In einem Buch über Schlaganfall schreibt eine Betroffene, ihr Mann hätte sie verlassen, was sie nicht verwundert habe, da sie sich selber nicht mehr anziehend empfand. In meinem Falle ist es die Gesunde, die denkt, sie könne nicht mehr anziehend wirken. Ich bin so ausgelaugt, herb und hart geworden, wer wird mich da noch mögen? Wahrscheinlich muss ich eine Resozialisierung durchmachen.

26. Mai 2006

Ich habe gerade eine ganze Tafel Schokolade weggefuttert. Das habe ich mir gegönnt! Einen Genuss in diesem Leben.

Die *Gespräche* mit meinem Mann sind nicht nur frustrierend, sie sind absurd. Vierzehn Monate nach seinem Schlaganfall dreht sich alles noch um sein Bein. Ich komme mir blöd vor. Ich erzähle ihm zwar bestimmte hervorstechende Geschehnisse aus der Politik oder einfach aus unserem Umkreis. Er versteht wohl. Aber es sind ja immer nur Monologe. Andrerseits gewöhne ich mich an diese Isolation, akzeptiere unser neues Leben. Er wohl auch.

Wenn ich bedenke, dass andere Frauen sich wegen Bagatellen im Zusammenleben von ihren Männern scheiden lassen! Mein Mann gibt mir überhaupt nichts mehr. Ich bin die ständig Gebende, Ausgelaugte. Und dennoch kann ich ihn ja nicht verlassen. Paradoxe Lebenssituation.

Da muss ich auch an meine eigene Mutter denken. Sie hat ja, wie sie selber stets behauptet hat, ihren Gatten innig geliebt, als sie ihn heiratete. Später haben sich ihre Gefühle ihm gegenüber gewandelt, und wie! Bis zum Hass. Aber es waren doch alles Hirngespinste von ihr! Er hat sie wohl mal betrogen, ja, aber wie er mir selber erzählt hat, war das, als sie ihn alleine in Deutschland zurückgelassen hatte. Ansonsten hat sie selber daran gearbeitet, ihn zu verachten. Er hat ihre Vorstellungen letztendlich nicht erfüllt. Was dachte sie? Er würde ein berühmter Schriftsteller werden? Ich weiß nicht, worin er sie enttäuscht hat, aber er war stets um seine Familie bemüht, an die sie ihn nicht heranließ. Auf jeden Fall hat sie alles aufgebauscht und eine wirklich schwierige Situation geschaffen. Sie konnte sich so etwas leisten, weil es ihr zu gut ging. Wenn ich das mit mir selber vergleiche, mit der realen Situation, die ich durchlebe! Wie viele Frauen und Männer spielen sich etwas vor, während es ihnen doch so gut geht. Man weiß das Schlaraffenland nicht zu schätzen, bis man es verloren hat! Und ich habe es verloren! Und auch vielleicht nicht genügend geschätzt, solange es währte.

Und dann die ärztliche Versorgung hier. Wir waren mal wieder beim Arzt, pardon bei drei verschiedenen!, wegen seiner Beinschmerzen. Der erste meinte: zerebral, der zweite meinte: Artikulationen und die Knochen sind in Ordnung, der dritte: Könnte rheumatisch sein. Also verschreibt er ein Medikament, weist darauf hin, dass es Nebenwirkungen hat, es schlägt auf den Magen.

Na gut. Ich schau mir den Beipackzettel an: Wenn man Blutverdünnungsmittel nimmt, sollte man es nicht einnehmen. Dabei hatte mir der dritte Arzt einen Überweisungsschein zur Blutkontrolle wegen Manuels Einnahme eben dieser Mittel überreicht! Also, was tun? Den Arzt anrufen? Der wird sagen: Das Risiko einer starken Blutung bei Verletzung ist tatsächlich vorhanden. Also gebe ich Manuel auf eigene Faust die Hälfte der verschriebenen Dosis und reduziere das Marcumar.

Als wir bei besagtem dritten Arzt waren, hatte er noch darauf hingewiesen, er hätte Manuel im Wartezimmer stark husten gehört. Er kontrolliert bei ihm den Blutdruck, hört das Herz ab, aber nicht die Bronchien oder Lungen! Dabei frage ich ihn noch direkt nach einem hustenlindernden Mittel! Nicht zu glauben, wie fahrlässig mit einem ohnehin schwierigen und sehr gefährdeten Patienten umgegangen wird!

Manuel macht sprachliche Fortschritte. Ich singe mit ihm einen alten spanischen Schlager und er vervollständigt alleine:
Beide: *Cuando calienta el sol, aquí en la*
Manuel: *playa*
Beide: *siento tu cuerpo vibrar cerca de*
Manuel: *mí*
Oder ein Kinderreim:
Beide: *Dos y dos son*
Manuel: *cuatro*
Beide: *Cuatro y dos son*
Manuel: *seis*
Beide: *Seis y dos son*
Manuel: *Ocho*
Beide: *y ocho*
Manuel: *Dieciséis*
Oder ein Sprichwort:

Ich: *A la que de rojo se viste, en la calle la*
Manuel: *desnudan*
(Im Sprichwort heißt es richtig: *desvisten*. Er hat also eine große geistige Leistung erbracht, denn er hat ein Synonym eingesetzt!)
    Wie weit die Entwicklung gedeihen wird, ist abzuwarten. Ob er selbständig, spontan sprechen können wird, bezweifle ich. Dennoch ist es erfreulich und überraschend, dass er diese Fähigkeit besitzt, die vor sich hin schlummerte und ich nicht entdeckt, auch nicht geweckt hatte. Ist es die Leistung der neuen Logopädin?
    Er hat in Santiago nicht die Lust zu den verschiedenen Therapeuten zu rennen, wie er es vor sechs Monaten mit mir absolvierte. Ich dränge ihn nicht, denn er geht ja gut und auch sein Arm ist locker, frei. Letzterer verursachte ja immer Schmerzen im Schulterbereich. Das noch nicht fertige Haus mit Arbeitern stresst natürlich. Wenn sich unser Leben normalisiert hat, macht er vielleicht mit, oder er hat sich inzwischen an die wenigen Therapien der letzten Monate gewöhnt. Die haben ja auch gereicht.
    Da muss ich an die Worte des Therapeuten D. denken! Der sagte, in den ersten zwölf Monaten brauche der Schlaganfallpatient täglich gymnastische Übungen. Und die hat Manuel erhalten! Jetzt ist diese Intensität nicht mehr so ausschlaggebend!

10. Juni 2006

Wenn ich bedenke, dass ich mir immer vorgenommen hatte, für den Fall, dass ich Witwe würde, Manuels Asche in einer Urne stets bei mir zu behalten. Ich stellte mir vor, dass ich mich mit ihm unterhalten würde, d.h. natürlich in Form von Monologen, dass mir das aber gut tun würde. Ich fühlte mich dermaßen an ihn gekettet, dass diese Art von konstanter Präsenz eine Erleichterung und zugleich seinen Beistand in schwierigen Situationen dargestellt hätte. So hatte ich mir das auf eine naive Weise vorgestellt.

Nun möchte ich nichts mehr davon wissen. Ich führe ja mit einem Lebendigen einen steten Monolog, bei dem ich die Antworten deuten, erraten muss. Ich bin es müde und habe es einfach satt, keinen vollwertigen Gesprächspartner bei mir zu haben.

Am schlimmsten ist der Wunsch, er wäre tot. Es ist ein Wunsch, den ich gar nicht zu Ende denken, geschweige denn zum Ausdruck bringen darf. Und dennoch ist er da. Wahrscheinlich hegen ihn viele Menschen, die einen Partner oder Verwandten zu pflegen haben. Aussprechen wird ihn kaum jemand. Ich sehne mich nach Erlösung. Und dennoch habe ich Gewissensbisse dabei. Ich weiß, der Gedanke ist verboten, nicht statthaft. Aber was soll's. Ich kann nicht anders als den Gedanken bei mir tragen.

Meine Lage wäre ja erträglich, wenn er nicht fortwährend über Schmerzen im Bein klagen würde. Aber diese ständige Litanei, und das Nichteinsehen wollen, dass kein Arzt und kein Medikament - außer ein schädigendes - ihm helfen kann, macht mich immer noch wahnsinnig.

Ich mag nicht mehr. Ich werde nicht mehr für ihn kämpfen. Es mag mit ihm geschehen, was geschehen soll. Ich bin nicht bereit, mich für ihn aufzugeben, meine Gesundheit zu opfern. Ich habe zwar kein konkretes Ziel im Leben, außer zu versuchen, ein neues, friedliches zu beginnen. Ich möchte erst mal in ein Loch fallen, ohne Aufgaben. Eine Art Wellness erleben. Mich gehen lassen, mich verwöhnen lassen. Ich weiß nicht, wie oder wo. Auch nicht für wie lange. Denn ich bin ja doch ein Tatenmensch. Ich möchte keine Verantwortung tragen für einen anderen. Einfach in den Tag hinein leben können. Und vergessen. Abstand erlangen. Diesen Flecken in meinem Leben reinwaschen oder ihn wegwischen, als wäre er nie gewesen. Ihn abschütteln wie Wassertropfen auf meinem Körper. Ihn loswerden, nicht an ihn zurückdenken müssen. Wie bei einer Gehirnerschütterung, bei der einige Sekunden oder Minuten des Lebens verschwunden sind, so möchte ich diese Zeit vernichten, ungültig machen.

Ich bin am Ende meiner Kräfte. Ich sage es ihm, aber wie immer versteht er nicht. Er ist ja vollkommen alleine auf dieser Welt. Wie ein jeder von uns.

Neulich meinte er, wenn ich mich nicht mehr um ihn kümmern würde, würde er sterben wollen. Wer weiß. Er würde andere Menschen weiter schikanieren. Er ist überhaupt nicht einsichtig. Und ich werde wahrscheinlich mit der Niederlage, dass ich nicht fähig war, ihn vorwärts zu bringen, nicht fertig. Mein Erziehungsprinzip war: Lernen, arbeiten, etwas erbringen im Leben. Es hat immer nur eine Richtung gegeben. Ein Rückwärts war ausgeschlossen. Und siehe da, bei einem Kranken läuft die Geschichte anders. Das kann ich nicht verkraften.

Ich sagte ihm soeben, seitdem er das Gehen im August 2005 gelernt hat, hat er bis jetzt, Juni 2006, praktisch keine Fortschritte mehr gemacht. Er legt im Haus seine Schritte zurück, ist aber unfähig, mit mir einen kleinen Spaziergang zu machen. Es ist ein Drama, wenn er mal einige Schritte mehr bis zum Auto gehen muss, weil irgendetwas den Weg versperrt. Ich muss also mein Vehikel hin und her manövrieren, riskiere Beulen und Strafzettel, nebst Anschnauzern von den anderen Verkehrsteilnehmern, um ihm den Weg um einige wenige Schritte verkürzt zu haben. Solche Situationen gehen auf Kosten meiner Nerven, was sich wiederum auf mein Verhalten ihm gegenüber auswirkt. Ich empfinde seine Knauserigkeit in Bezug auf seine Beweglichkeit als pure Schikane. Und dann noch vor Publikum, fremden Menschen, die einen scheel anschauen. Die sich denken: Was spielt sich da denn ab? Könnte mir ja gleichgültig sein, aber dennoch trifft es mich. Es steigert meine Wut.

Vor einigen Tagen sah ich eine Zigeunerin auf der Straße. Sie ist nicht auf mich zugekommen, und ich wollte mich nicht aufdrängen, damit sie nicht denkt, ich sei verzweifelt, was leider zutrifft. Ich denke aber oft an sie. Ich werde also beim nächsten

Mal mein Glück nicht an mir vorbeiziehen lassen. Sie hält sich in der Nähe des Krankenhauses auf, wo natürlich etliche Opfer herumkreisen, die über das Schicksal ihrer lieben Kranken informiert werden wollen. Ob sie bei mir herausfinden wird, was ich hören möchte?

Im Grunde genommen handelt es sich bei Manuel um ein Kleinkind. Er muss bedient werden in den grundlegenden Dingen, wie waschen, anziehen, das Essen muss ihm klein geschnitten werden, usw. Immer muss man an Kleinigkeiten denken: Das Handtuch als Latz, die Medikamente, die Serviette zum Zähneputzen, das Kissen, das unter seinen lahmen Arm gelegt werden muss. Ich bin ständig am Laufen, denn etwas entfällt mir immer wieder. Man kann ihn nie irgendwo hinschicken, damit er selber etwas mitbringt. Ein gehfähiges Kind kann dies ohne weiteres. Also bleibt alles an mir hängen.

Er ist auch sehr strikt und mürrisch. Er besteht darauf, sich erst dann die Zähne zu putzen, wenn alle Utensilien vorliegen: Zahnbürste mit Pasta, ein Glas Wasser, die Spuckschüssel und die Serviette. Er zeigt auf die Dinge, die vorhanden sind, damit man sieht, dass etwas fehlt. Das ist ganz schön nervend.

2. Juli 2006

Ich möchte, dass er stirbt, dass er verschwindet aus meinem Leben, dass ich endlich frei bin zu tun, was mir behagt, ohne ständig an ihn denken zu müssen. Dies ist ein verbotener Gedanke. Und dennoch bin ich mir sicher, dass sehr viele pflegende Angehörige dieses Tabu denken und nicht aussprechen.

Ich befürchte nur, dass ich eines Tages aktiv etwas dazu beitragen könnte, dass er nicht mehr lebt. Dazu darf es natürlich nicht kommen.

Muss ich mich wegen dieser Gedanken schuldig fühlen? Ja, die Gesellschaft schreibt es mir vor. Und ich habe Gewissensbisse. Und dennoch würde ich gern die Tage zählen können!

Andrerseits reagiere ich wie eine liebende Ehefrau. Vor zwei Tagen hatte er eine Art epileptischen Anfall. Zum ersten Mal. Ich wurde sehr nervös, aber besorgt. Keinerlei Gedanke der Erlösung trat auf. Im Gegenteil. Mir wurde klar, dass ich ihn ja liebe. Hierüber war ich selber verwundert. Es war ja alles echt. Der Krankenpfleger und mein Angestellter waren zugegen und bald erschien auch ein Notarzt. Der meinte, es sei nicht weiter besorgniserregend.

Einerseits also setze ich alle lebensverlängernden Mittel ein, wie Medikamente, Therapien oder Arztbesuche, andrerseits sehne ich mich nach einem Ende dieser Tortur und dieser sinnlosen Abhängigkeit. Ja, wir sind beide voneinander abhängig. Meine Zeit, mein Leben hängt derzeit von seinem ab. Paradoxerweise hängt nicht nur seins an meinem!

Auf dem Land kann ich nichts unternehmen, da ich keinen Krankenpfleger für ihn habe. Also übernehme ich diese Funktion und besitze keine Freizeit. Ich würde gern ausreiten, zum Fluss hinuntergehen, aber nach seinem epileptischen Anfall möchte ich ihn nicht über einen längeren Zeitraum alleine lassen. Man weiß nicht, ob sich die Anfälle wiederholen werden. Auf jeden Fall ist es das zweite Mal, dass wir einen Notarzt brauchten. Das erste Mal hatte er den Schwindelanfall. Vielleicht muss ich mit immer häufigeren Überraschungen rechnen. Sein Gehirn verfällt ja langsam. Aber wie langsam oder wie schnell, das wird sich erst herausstellen. Schöne Aussichten!

Und trotzdem überfällt mich Traurigkeit beim Gedanken an sein Hinscheiden. 36 Jahre des Zusammenlebens kann man nicht so leicht ausradieren. Die Bindung sitzt tief. Umso größer ist meine Wut darüber, dass er nicht auf sich selber aufgepasst hat. Kein Mensch darf das, es sei denn, er lebt mutterseelenallein auf einer Insel. Wir dürfen nicht das Risiko eingehen, anderen einfach so, aus egoistischen Gründen, zur Last zu fallen.

Ich habe ihm zum x-ten Mal erklärt, er dürfe bestimmte Dinge nicht essen, dabei solle er aber andere unbedingt zu sich nehmen. Er hört auf mich. Erst nach seinem epileptischen Anfall.

Ich hatte ihm einen fetthaltigen Schmierkäse mit Schnittlauch gekauft, den er sehr liebt. Es war eine Ausnahme. Um ihn mal zu verwöhnen und ihm seine Lieblingsspeisen aufzutischen. Aber er kann ja nie in Maßen genießen! Er verlangt eine dicke Schicht auf seiner Brotscheibe! Vollkommen ungesund! Wie eh und je! Also wird der Käse nach seinem Anfall wieder total gestrichen. Und ich bläue ihm ein, er dürfe halt nur gesund essen, d.h. das, was ich ihm vorsetze und er missbilligend isst. Im Fernsehen kam eine Gourmetsendung mit Essenszubereitung, und er gestikulierte enthusiastisch. Ich bremste ihn sofort mit der Aussage: Ja, und mit so etwas bekommst du wieder einen Anfall. Er sah es ein. Versteht es endlich vollkommen.

Heute leidet er unter einer schmerzenden Verstopfung. Ich erkläre ihm wieder, er solle mehr Gemüse und Salat essen, den er in letzter Zeit nicht mehr anfasst. Sofort isst er brav die Gurkenhappen und die Paprikaschote. Aber nur aufgrund solcher dramatischen Vorfälle lässt er sich davon überzeugen, dass im Gourmetdasein schwerwiegende Gefahren auf ihn lauern.

Ich muss ihn behandeln wie ein Kind. Er ist aber nicht mein Enkelkind! Er hat auch nicht seine Statur! Auch nicht dessen Willensstärke. Er besitzt die Nachteile des Kindes, nicht aber dessen Vorzüge!

Das sind alles Gründe, warum ich nicht mehr mag. Und dann überlege ich, wie ich mein Leben danach führen soll! Ein Rätsel. Meine Kinder führen ihr eigenes Leben. Ich muss mir meins neu aufbauen, nur wo und wie?

11. Juli 2006

Wir erhalten von Sebastian die Nachricht, dass wir nochmals Großeltern werden. Obwohl der Lautsprecher nicht an ist, versteht Manuel, worum es sich handelt, und weint! Als ich später meine drei Geschwister angerufen habe, weist er mich darauf hin, dass einer noch fehlt! Er denkt mit! Alle vier sollen es erfahren, und zwar von mir und nicht untereinander.

Die frohe Botschaft ist ein Lichtblick, obwohl wir doch zu weit voneinander entfernt leben.

27. Juli 2006

An diesem Tag kam ich nicht über das Datum hinaus!

28. September 2006

Sehr oft komme ich nicht zum Schreiben, stelle ich fest.
Ich habe nun auch ein Ergebnis zu Manuels Wirbelsäule: Ohne Befund. Das bedeutet, dass seine Schmerzen einzig und allein auf seinen neurologischen Schaden zurückzuführen sind. Aber kein Arzt hat mir je erklärt, dass die Krallenbildung seiner Zehen von der Spastik herrührt - eine Erkenntnis, zu der ich nach anderthalb Jahren Leidensweg gelange. Sie werden als Banalität abgetan, als abgedroschenes Allgemeinwissen. Leider nicht für uns.
Also bin ich wütend. Mit mir, mit den Ärzten, mit Manuel. Wenn er nämlich brav seine Pillchen zur Hemmung der Spastik einnehmen würde, würden die Schmerzen gar nicht so intensiv werden. Aber nein, er weiß es ja besser, er will seine Gesundheit schonen. Hier gibt es nichts mehr zu schonen außer meiner Gesundheit! Ich will diese Zeit so harmonisch wie möglich erleben, die ständige Litanei der Schmerzen im Keime erstickt wissen, von mir aus durch Medikamente, die in vager Zukunft Kollateralschäden bewirken werden. Was soll's! Aber bitte eine friedliche, harmonische Gegenwart. Sein Lamentieren ist nicht mehr zu ertragen! Ich gehe zugrunde!
Ich merke, dass ich nicht mehr ruhig schlafen kann. Früher und auch jetzt noch weckt er mich ein bis mehrmals in der Nacht zum Wasserlassen, und ich habe immer Schwierigkeiten, wieder einzuschlafen. Manchmal nehme ich deshalb eine geringe Dosis der Schlaftablette. Jetzt wache ich aber von selbst mitten in der Nacht auf und wälze mich herum. Ich nehme an, es handelt sich um einen nervösen Zustand. Meine Nerven sind überstrapaziert. Sie finden keine Ruhe mehr.
Es gibt Tage, an denen reicht es mir. Wie gestern.
Ein Tagesablauf:
6 Uhr 45 klingelt der Wecker. Gang zur Alarmanlage, um sie auszuschalten. Manuel lässt Wasser, ich ziehe ihn an, damit er selbständig Übungen auf dem Bett verrichtet, wie sich im Sitzen hinlegen und aufrichten. Ich bereite derweil das Frühstück vor. Ich

hole ihn zum Frühstück, das wir beim Lauschen der Nachrichten verzehren.

7 Uhr 30 erscheint der Krankenpfleger, der sich erst mal umzieht, um sich dann, ganz in Weiß gekleidet, bis 12 Uhr 30 Manuel zu widmen. Er verrichtet als Erstes stundenlang gymnastische Übungen mit ihm, duscht ihn anschließend, so dass er ab ca. 11 Uhr 30 mit ihm im Wohnzimmer die logopädischen Hausaufgaben erledigt. Zwischendurch geht Manuel im Wohnzimmer auf und ab. Massagen bleiben auch nicht aus.

Um 12 Uhr 30 essen wir zu Mittag. Die Prozedur dauert eine Stunde mit Zähneputzen. Manuel war schon immer langsam oder gemütlich beim Essen gewesen, ich dagegen verschlinge meinen Tellerinhalt rapide. Danach halten wir Siesta.

Um 14 Uhr 30 marschieren wir entweder zur Logopädie im Rollstuhl, da 300 Meter von unserem Haus entfernt, oder wir fahren im Auto zur Krankengymnastik.

Danach lese ich ihm die Zeitung vor oder wir spielen etwas, wie Patience oder Domino.

Um 17 Uhr 30 trinken wir Tee mit einem Stückchen Kuchen.

Um 19 Uhr 30 legt er sich noch ein halbes Stündchen hin, bevor die für ihn heilige Nachrichtensendung in der Deutschen Welle beginnt.

Um 21 Uhr isst er beim Fernsehen zu Abend. Anderthalb Stunden später liegen wir im Bett.

Des Öfteren gibt es Veränderungen, bzw. Überraschungen in unserem Tagesablauf. Zum Beispiel durch Besuch oder durch Einladungen. Aber auch durch Arztbesuche.

Gestern waren wir auf Schuhsuche. Das habe ich vormittags eingefädelt, damit der Krankenpfleger mitkam, den Rollstuhl ins Auto lud und heraushievte, Anstrengungen, die ich zu vermeiden suche. Es handelt sich aber nicht nur um eine physische Leistung, sondern ebenfalls um eine seelische. Denn ein Einkauf oder der Versuch eines solchen mit einem Kranken ist sehr stressbeladen.

Oft geht er nicht einmal ein paar Schritte mit einem neuen Schuh. Er schreit auf, er störe ihn. Er gibt ihm keine Chance. Es ist mir schrecklich peinlich in Gegenwart von meist geduldigen, herzlichen Verkäufern, die sich in die schwierige Situation des

Kranken einfühlen. Knallhart kommt die Reaktion des Herrn. Sozusagen Mist, der ihm da geboten wird. Er, der mir gestikulierend anzeigt, er wolle das Beste, Feinste. Dass dies für seinen Zustand nicht passend ist, dass er im Gegenteil Turnschuhe bräuchte, mag er nicht einsehen. Er zeichnet mit der Hand ein Viereck in die Luft, begleitet von einem vielsagenden: „Pah" und leuchtenden Augen, ein Triumvirat, aus dem ich zu schließen habe, er wolle das Allerbeste. Wie eh und je. Nur sagt mir kein Mensch, wie dieser Schuh für seinen verkrampften Fuß aussehen müsste. Wir tappen vollkommen im Dunkeln.

Die Gänge zum Schuhladen sind jedes Mal ein Fiasko und eine unsägliche Strapaze für meine geschundenen Nerven. Auch wenn er sich für ein Paar Schuhe entschieden hat, weiß ich nie, ob sich die Investition lohnt. Denn zu Hause angekommen, will er doch nur sein altes anziehen. Somit besitzt er inzwischen drei Paar Neulinge, die im Schrank vor sich hin gähnen.

Ich komme erschöpft nach Hause zurück. Am Nachmittag zur Krankengymnastik und zwei Stunden später Arzttermin. Wir dürfen 45 Minuten geduldig auf ihn warten. Geduldig bin ich natürlich nicht mehr. Ganz im Gegenteil. Ich schimpfe. Ich versuche ein Ablenkungsmanöver. Ich erzähle aus dem Buch, in dem ich mitten in der Stadt auf einem Platz voller Menschen gelesen habe, während Manuel die Krankengymnastik über sich ergehen ließ. Zur Zerstreuung. Um meine Nerven abzulenken, die nicht merken sollen, dass sie eigentlich aufschreien wollen. Ruhig Blut.

Dann die Diagnose des Arztes: Nichts hat der Herr. Wirbelsäule in Ordnung. Also das Altbekannte: Sein Gehirn ist an allem schuld. Zieht an den Sehnen, gibt falsche Kommandos. Zerrt, wo es nicht sollte, verursacht die Schmerzen mit sinnlosen Befehlen.

Ich bin am Boden zerstört. Immer wieder bekomme ich das Gleiche zu hören, nachdem ich ihn zu den verschiedensten Untersuchungen geschleppt habe; nachdem ich unzählige Stunden mit Logistik und Warterei verbracht habe, nachdem ich Unsummen für überflüssige Untersuchungen ausgegeben habe.

Darf es auch mal mitten im Bürgerkrieg sein?

Anfang der 90-er Jahre schickte die Firma meinen Mann nach Afrika, nach Mosambik, einem der ärmsten Länder der Welt. Zurück in Frankfurt nach unserem sechs Jahre währenden Einsatz in der Türkei hatte ich zu ihm gesagt: *„Wenn die Firma dich nochmals ins Ausland entsendet, komme ich mit Vergnügen mit. Nur bitte nicht nach Afrika."* Und nun wurde es doch der schwarze Kontinent, in Form von vierwöchigen Einsätzen. Für ihn allein. Und ich war entsetzt! Denn Anfang der neunziger Jahre herrschte Bürgerkrieg in diesem Lande, das sich keine Zeit gelassen hatte, um sich von den Strapazen des kürzlich gewonnenen Unabhängigkeitskrieges gegen die Kolonialmacht Portugal zu erholen. Das Land war vollkommen ausgeblutet, die Infrastruktur völlig zerstört, keine Landstraßen mehr passierbar, keine Überlandverbindungen außer dem Flugzeug vorhanden, das Hinterland in den Händen der Rebellen, einzig die Küstenregion entlang des Indischen Ozeans befriedet. Die Nationalparks existierten nicht mehr, deren Tiere waren in den Kochtöpfen gelandet. In dieses desolate und gefährliche Land orderte eine deutsche, ansonsten als vernünftig zu bezeichnende Firma meinen Mann. Ich schimpfte und wetterte und machte mir bei jedem Aufenthalt meines Gatten in diesem entrückten, gefahrenträchtigen Land riesige Sorgen. Er kehrte nicht nur jedes Mal heil zurück, obendrein quoll sein Koffer über von Mitbringseln, aber nicht von solchen, die man vielleicht normalerweise erwartet. Keine kleinen Andenken, nein, es handelte sich in erster Linie um Leckereien, um Lebensmittel der besonderen Art, vorbei an der deutschen Zollkontrolle eingeführt. Riesenananas, zuckersüß, Abacachis genannt, sonnengereifte Mangos und Avocados, Riesengarnelen, Langusten. Bei uns zu Hause entstand Feststimmung, die mich meine Bedenken bezüglich der brisanten Lage in Mosambik ein wenig vergessen ließ. Ich gewöhnte mich zusehends an die Einsätze meines Mannes, sodass ich sogar einwilligte, ihn in den Sommerferien mit unserer damals dreizehnjährigen Tochter Ines für sechs Wochen zu begleiten.

Nach Zwischenstation in Harare, der Hauptstadt des ehemaligen Rhodesiens, erhielten wir in der Kleinmaschine eine mosambikanische Zeitung. Es wäre besser gewesen, ich hätte sie nicht zu Gesicht bekommen! Denn, sozusagen als Einstimmung, wie ein Willkommensgruß war in Großbuchstaben zu lesen, dass die Rebellen in einem Dorf ein Massaker verübt und zur Abschreckung die Köpfe ihrer Gegner auf Pfähle aufgespießt hatten. Also doch Krieg, obendrein einer der abscheulichsten Art. Sollten wir nicht lieber umkehren, bevor es zu spät war?

Gleich aufgeben wollten wir nun doch nicht. Wir landeten in Beira und fuhren zu der von der Firma angemieteten Villa. Ein herrliches, direkt am Meeresufer gelegenes prächtiges Anwesen. Im Garten ein Schwimmbecken, obwohl das offene Meer nur ein paar Schritte entfernt lag. Aber ein Detail hatte mir mein Gatte verheimlicht: Nicht tiefblaues Wasser leuchtete uns entgegen, sondern bräunliches, denn ein schlammhaltiger Fluss mündete einige hundert Meter nördlich in den Indischen Ozean. Meine Enttäuschung war groß. Einige Fischer waren mit ihren Netzen und ihren Angeln unterwegs, sonst keine Menschenseele, kein Tourist hatte sich hierher verirrt. Es war zumindest nicht zu heiß.

Da sich im Garten ein Surfbrett mit dazugehörigem Segel befand, und ich schon seit einigen Jahren windsurfte, bat ich den Gärtner, einen groß gewachsenen, stolz auftretenden Schwarzen, mir das Brett an den Strand zu tragen. Das bereitete ihm wenig Mühe: Er hielt es auf der flachen, erhobenen linken Hand, während er in der anderen das Segel schleppte. So elegant wie er dahinschritt, führte ich mich nicht auf. Entweder war der Wind zu schwach oder das Brett zu schwer, wogegen aber die Leichtigkeit zu sprechen schien, mit der der Gärtner es kurz zuvor getragen hatte. Nach wiederholten missglückten Versuchen gab ich endgültig auf. Fortan sollte uns allein das Brett von Nutzen sein, und zwar in Begleitung meiner Tochter als Fortbewegungsmittel auf dem Wasser.

Die Bevölkerung bewegte sich zu Lande auf den eigenen Füssen. Transportmittel existierten nicht und/oder waren für diese Menschen zu kostspielig. Man sah immer wieder endlose Kolonnen von Fußgängern, ja genauso wie wir sie im Fernsehen vorgesetzt bekommen. Auch die Kinder mussten die Märsche antreten, die kleinsten immerhin fest an den Körper der Mutter gewickelt. Wie viele Stunden waren sie unterwegs? Wofür? Einige Frauen verkauften selbstgebackene Brötchen, denn Brotläden gab es nicht. Aber ich wäre eher verhungert, als dass ich ihre Backwaren verzehrt hätte! Unter welchen hygienischen Verhältnissen buken sie, transportierten sie ihre Ware und verstauten sie? Die Afrikaner selbst waren sicherlich immun gehen diese Bakterien, nicht aber wir verwöhnte, verweichlichte Europäer.

Und dann diese Kinder! Mit den aufgedunsenen Bäuchen, in denen die Parasiten wimmelten! Welch entsetzlicher Anblick! Auch wenn wir immer wieder Bilder davon im Fernsehen zu sehen bekommen! Dennoch schwor ich mir: Wenn wir tatsächlich nach Afrika versetzt werden sollten, würde ich in der Sozialarbeit tätig werden. Sogar steinerne Herzen mussten von diesen Missständen erweicht werden! Aber doch nicht jedes! Denn unser deutscher Vorgänger in der Firmenvilla hatte statt Nahrungsmitteln für die darbende Bevölkerung mehrere 50-Kilo-Säcke mit Katzenfutter aus Deutschland einfliegen lassen. Der Koch hatte den Auftrag erhalten, die streunenden Katzen, um die zwanzig an der Zahl, weiterhin zu füttern. Ich traute meinen Ohren nicht! Wie konnte man die Augen vor den schmachtenden Menschen verschließen und nur die verdreckten, verlausten Vierbeiner sehen? Dabei bin ich durchaus eine Katzenliebhaberin.

Der Koch beherrschte sein Metier bis zur Vollendung. Wir speisten fürstlich, einzig und allein Fisch und Meeresfrüchte wie Garnelen und gelegentlich Hummer. Wir lebten an der Küste, was bedeutete, dass wir nur Produkte aus dieser Region erhielten. Das Hinterland befand sich in Händen der Rebellen, jeglicher Zugang war versperrt und zu gefährlich. Uns mundete es vorzüglich, doch eines Tages kam ich auf den Gedanken, den Speisezettel zu ändern: Hühnchen sollte es sein, da schon kein Rindfleisch zu erhalten war. Wir begaben uns also in Begleitung des Kochs in den Ort hinein. Er führte uns in einen Laden, in dem ausschließlich Lebensmittel aus dem benachbarten Südafrika verkauft wurden, in der Mehrzahl Tiefkühlware. So auch die mächtigen Hähnchen. Ich fuhr ihn entsetzt an: Ich wollte doch keine tiefgekühlte Importware, sagte ich in meinem radebrechenden Portugiesisch. Ich wollte ein Dorfhähnchen. Es müsse doch einen Marktplatz geben, wo die Einheimischen ihr selbst angebautes Gemüse usw. feilboten. Ja, das gab es, und wir fuhren dorthin. Eine große Auswahl trafen wir zwar nicht an, aber lebendige Hühner gackerten verzweifelt vor sich hin. Der Koch schlug eins vor, das mir zu mickrig erschien. Dann ließ er mich wählen.

Zum Mittagessen wurde meinem Wunsch entsprechend gegrilltes Hähnchen serviert. Es war zäh wie Leder. Max und Moritz hätten der Witwe Bolte dieses Federvieh sicherlich nicht gestohlen! Und unser Koch? Ich ertappte ihn, wie er hinter der Küchentür versteckt unsere Reaktion verschmitzt schmunzelnd registrierte. Er hatte mir eine tüchtige Lektion erteilt. Von nun an mischte ich mich nicht mehr in seine Kochkünste oder in seinen Speiseplan ein. Wir sollten noch ein zweites Mal Hähnchen essen, diesmal ein importiertes, saftig triefendes!

Es ereignete sich noch ein zweiter Zwischenfall mit dem Koch. Da es ja keine Bäckerei gab, buk er regelmäßig Brötchen, die er einfror. Zum Verzehr wurde die notwendige Menge in der Mikrowelle aufgetaut. Eines Tages verirrte ich mich in die Küche und bat ihn, ein paar Brötchen in das Gerät zu tun. Er hatte seinen Stolz und zeigte ein wenig schroff auf die Mikrowelle. Ich erklärte ihm, ich wüsste nicht, wie man sie einstelle. Er schaute mich entgeistert an. Er konnte nicht glauben, dass ein Europäer ihre Funktionsweise nicht kennt. In seinen Augen verfügte jeder Westler mit Sicherheit über alle möglichen und erdenklichen Maschinen, und er befürchtete, dass ich ihn auf den Arm nahm. Dies war nicht der Fall. Ich hatte in meinem ganzen Leben noch nie ein solches Gerät besessen. Es fiel mir sehr schwer, es ihm verständlich zu machen. Ein Afrikaner, der einem Europäer überlegen war, das war für ihn undenkbar.

Wir flogen für ein paar Tage in den Norden des Landes, nach Quelimane. Da die Landstraßen zerstört waren, übernahm das Flugzeug die Rolle eines Überlandbusses, d.h. auch die einfache Bevölkerung wurde zum Vielflieger, samt ihren Haushaltsgegenständen wie Nähmaschinen oder den Haustieren, z.B. Hühnern. Es ging also hoch in der Luft lautstark zu.

In Mosambik habe ich zum ersten Mal den Rückschritt der Zivilisation erlebt. In gewissen Städten wie Quelimane verfügten die Häuser zwar über Wasserleitungen und Wasserhähne, es floss aber kein Tropfen hindurch. Die portugiesische Kolonialmacht hatte den Fortschritt eingeführt, aber die in der Zwischenzeit eingetretenen Defekte in der Wasserversorgung stellten die Stadtwerke vor schier unlösbare Probleme. Sie verfügten nicht über die finanziellen Mittel für eine Reparatur. Es ist sehr ungewohnt, einen Wasserhahn vor sich zu haben, aus dem permanent kein Wasser tropft. Einfacher zu akzeptieren ist die Tatsache, dass Wasser in Eimern von einem Brunnen geholt wird. Diese Etappe war aber hier schon längst überwunden. Wo also hin mit den Fäkalien? In Quelimane hatte man eine einfache Lösung gefunden: Da genügend Strandflächen vorhanden waren, dienten sie als Toilette, wobei die Männer auf die eine Seite, die Frauen auf die andere gingen. Keine Schilder wiesen auf diesen Umstand hin. Den Ortsansässigen war er bekannt, Touristen, die sich im Sand gesonnt hätten, waren in dieser unruhigen Zeit ein äußerst seltener Gast.

Hier verfügten wir über Strom, wir sollten aber andere Städte erleben, in deren Häusern zwar die Steckdosen und die dazu gehörigen Stromleitungen in den Wänden vorhanden waren, aber leider auch hier die Versorgung streikte. Das gleiche Problem wie beim Wasser: Der von den Portugiesen eingeführte Fortschritt ist auf der Strecke geblieben. Es fehlt an Ersatzteilen, wahrscheinlich auch an Know-how, um die Anlagen wieder in Betrieb zu nehmen. Ein desolates Bild für den an Neuerungen gewohnten Westler. Reiche Mosambikaner wussten sich zu helfen: Sie besorgten sich Generatoren, die stundenweise eingeschaltet wurden. Sogar zur Bewässerung kleiner Agrarflächen, die ausschließlich aus Sand bestanden und doch einen hohen Ertrag erwirtschafteten, waren sie im Einsatz.

Wir fuhren mit einem Mosambikaner auf die Insel Bazaruto, wo wir in einer Lodge untergebracht waren, die sich in südafrikanischen Händen befand. Unsere Hotelzimmer waren kleine Hütten mit unverglasten Fensteröffnungen. Kaum hatte ich mich in mein Einzelbett unter das Moskitonetz gelegt, spürte ich ein Kraulen am Hals. *„Lass das! Geh in dein Bett zurück!"* rief ich lachend meinem Mann zu. Der aber antwortete aus der Entfernung seines eigenen Bettes: *„Ich lieg doch brav in meinem Bett!"* Da bekam ich es mit der Angst zu tun! Wer konnte es dann sein? Ich leuchtete mit einer Taschenlampe und ertappte ein kleines schwarzes Äffchen! Einfach goldig! Und wo verbrachte es den Rest der Nacht? Mit meiner überglücklichen Tochter!

Zu Abend speisten wir hervorragend: Hummer in delikater Buttersoße. Nur teilte unser mosambikanischer Begleiter keinesfalls unseren Geschmack. Ihm war das Gericht zu gekünstelt, so dass ich in den Genuss zweier Hummer kam, auf das Risiko einer Leberverstimmung hin, die aber nicht eintrat. Einige Tage später, auf das mosambikanische Festland zurückgekehrt, revanchierte sich unser Freund mit einer Einladung zu einem wahren Hummergenuss, wie er meinte. Es war in einem einfachen Lokal, der Hummer im Riesenkochtopf lediglich gekocht, vollkommen naturbelassen. Höchstwahrscheinlich viel gesünder als jener mit dem erschwerenden Zusatz von Butter, aber ich bekam keinen Bissen hinunter, so dass sich diesmal der Spieß umdrehte: Unser Gastgeber verzehrte auch meinen Hummer! Dann am nächsten Tag, als wir zum Frühstück frisch frittierten Fisch vorgesetzt bekamen, rebellierte mein Magen: In der Türkei hatten wir schon oft rote Linsensuppe als Frühstück zu uns genommen, in Nicaragua Reis mit schwarzen Bohnen und Spiegelei, aber frittierten Fisch, das ging uns doch zu weit!

Die Hauptstadt des Landes, Maputo, haben wir auch besucht. Während mein Mann Geschäftsgespräche führte, machte ich mich mit unserer Tochter auf Erkundungsspaziergang. Man hatte uns klar und deutlich gewarnt: Es waren Diebesbanden unterwegs, die zu mehreren aktiv wurden. Wohlweislich übergab ich meinem Mann die Reisepässe und behielt nur eine kleine Summe Geldes bei mir. In meiner gewohnten selbstsicheren Art, nichts befürchtend, mit einem Stadtplan gewappnet, machten wir uns auf den Weg. Als wir an einer spärlich ausgestatteten Buchhandlung vorbei kamen, konnte ich dem Drang hineinzugehen nicht widerstehen. Ich fand tatsächlich ein paar wenige Büchlein, die es sich lohnte zu kaufen. Während ich auf das Wechselgeld des Verkäufers wartete, legte ich allen Vorwarnungen zum Trotz meine Geldbörse auf die Theke. Wie aus dem Nichts war eine Gruppe junger Mosambikaner in den Laden getreten. Und eh ich mich versah, war mein Portemonnaie verschwunden. Ich reagierte sofort! Ich forderte den Mann, der mir am nächsten stand, auf, mir meine Börse auszuhändigen. Der tat vollkommen unschuldig und erhob die Hände zum Beweis, dass sie leer waren. Dann tat ich etwas, das mich im Nachhinein erschaudern ließ: Ich tastete an den Hosentaschen dieses hoch gewachsenen, starken Burschen, der ohne weiteres gewalttätig hätte reagieren können. Aber ihm war nicht danach, und mir wurde klar, dass meine Börse längst den Raum in den Händen eines anderen Jünglings verlassen hatte. Der Verlust war nicht groß, die Beute für die vielen Männer gering, aber die Lektion für mich gewaltig. Wir verließen den Buchhändler, dem ich vorwarf, mich weder gewarnt noch mir geholfen zu haben, worauf er achselzuckend zu verstehen gab, dass er der Übermacht der Gruppe unterlegen war. Ob er mit ihnen unter einer Decke steckte? Durchaus möglich, oder von ihnen eingeschüchtert und machtlos. Ich auf jeden Fall ergriff heftig meine Tasche, klammerte sie an meinen Körper, und schaute verängstigt und voller Verdacht auf der Straße um mich. Die Angst saß mir so tief in den Knochen, dass ich noch Monate lang im sicheren Frankfurt die Handtasche fest unter dem Arm oder in der U-Bahn auf meinem Schoß unter ständiger Beobachtung hielt. Voller Scham erzählten wir später den Geschäftspartnern von unserem misslungenen Abenteuer. Die lachten herzlich.

Um doch noch die Tierwelt Afrikas zu erleben, besuchten wir im benachbarten Zimbabwe einen Nationalpark. Dort beeindruckte mich am meisten das *friedliche* Zusammenleben von Krokodilen mit Nilpferden und deren Jungen. Die Riesenreptilien lagen bewegungslos, angeblich schlafend oder zumindest schläfrig ganz in der Nähe der sich im Wasser tummelnden Nilpferdfamilien. Die Mütter ließen ihre Kleinen nicht aus den Augen, im vollen Bewusstsein der lauernden Gefahr. Das harmonische Nebeneinander konnte nicht über die Spannung hinwegtäuschen, die in der Luft lag.

Jäger verrieten mir, welches das gefährlichste Tier sei, auf keinen Fall der von mir vermutete Tiger. Es seien die Büffel. Man fange an, eine Herde zu verfolgen und müsse nach einiger Zeit feststellen, dass man selber zum Gejagten mutiert ist, denn ein Teil der Herde hat sich abgekoppelt und steht hinter einem. Vielleicht geht es uns mit Menschen ebenso.

30. September 2006

Und nun sitzt er wieder im Wohnzimmer und macht den Krankenpfleger verrückt mit seinen Füßen. Schuhe ausziehen, Strümpfe ausziehen, Zehen begutachten, gestikulieren, lamentieren. Unaufhaltsam das Gleiche, Tag für Tag.

Ich bin mit den Nerven derart am Ende, dass ich nachts nicht mehr schlafen kann. Früher weckte er mich durch sein Wasserlassen. Dann wälzte ich mich eine Stunde, bis ich wieder Schlaf fand. Nun wache ich von alleine auf. Einmal, fünfmal, zehnmal, und kann nicht weiterschlafen. Ich bin gerädert. Meine Nerven liegen blank. Sie finden keine Ruhe mehr. Aber ich habe es festgestellt und schlucke nun die Baldriantabletten, die sich eh dem Verfallsdatum nähern. Ich finde, sie wirken. Meine Rennerei von einem Termin zum nächsten hilft auch nicht weiter.

Wenn er bloß Ruhe geben würde. Wenn er sich mit seiner Lage abfinden würde, d.h. sie erst einmal verstehen würde!

5. Oktober 2006

Heute ist die Hölle los. Habe ich dieses Wort schon einmal im Text benutzt? Wahrscheinlich sogar mehrmals! Ich habe ihn einfach im Bett liegenlassen, der Krankenpfleger sollte sich um ihn kümmern. Er hat Schmerzen, will aber nichts dagegen einnehmen. Ich frage ihn, was wir dagegen tun sollen. Er weiß es nicht. Ich sage ihm, wenn er bereit ist, von mir Hilfe anzunehmen, soll er mich rufen. Ansonsten stehe ich nicht zur Verfügung. Der ganze Vormittag ist so vergangen.

Und dabei habe ich heute meinen ersten Vorstellungstermin in Santiago. Nicht dass ich aufgeregt wäre oder so. Aber abgeneigt bin ich nicht, etwas anderes zu sehen und zu hören als meinen klagenden Gatten. Und Bridgespielen ist nicht das A und O. Und dennoch gibt mir das Kartenspiel Kraft. Denn just eine halbe Stunde vor meinem Termin ruft mich meine Partnerin Elena an, um mir mitzuteilen, dass wir gestern Abend im Turnier erste wurden, und obendrein mit einer hohen Differenz und in einem Club mit starken Spielern. Das baut mich auf und ich gehe gestärkt zur Uni. (Dort läuft alles sehr gut).

6. Oktober 2006

Meine gestrige Methode hat Wirkung gezeigt. Siehe da, mein Gatte ist ein Lämmchen. Die Schmerzen versuchen wir durch eine Salbe zu lindern. Er lässt es zu. Er gibt mir Küsschen, liebkost mich. Er hat verstanden.

Das ist natürlich nicht das Ende des Ganzen. Wie oft werde ich noch solche Szenen erleben?

Er schreibt wunderbar auf dem Computer. Er schreibt ab und besteht darauf, auch die Großbuchstaben einzusetzen, d.h. er muss die Taste nach dem Anfangsbuchstaben zur Kleinschreibung wieder drücken. Er denkt daran. Er findet die Buchstaben immer schneller. Im Spanischen schreibt er auch die Akzente, und sogar die Fragezeichen! Er setzt den Zeilenumbruch und ebenso von sich aus den Abschnittumbruch. Er macht große Fortschritte.

Neulich schrieb er seine erste Mail an die Kinder. Er wählte die Sätze aus, die ich ihm vorschlug, und verkürzte sie sogar, er eliminierte z.B. ein *sehr*. Auch die Anrede *liebe Kinder* lehnte er ab. Stattdessen erwähnte er jedes beim Namen. Ganz schön wählerisch war er.

Er weinte natürlich dabei.

22. Oktober 2006

Manuel war heute von sich aus wahnsinnig zärtlich. Erstaunlich. Er hat mich gestreichelt und mir ein paar Küsschen gegeben. Er ist normalerweise dazu nicht imstande. Er ist zu sehr mit sich selber beschäftigt. Und dabei ging es ihm wie immer, d.h. er hatte Schmerzen.

Er fühlt seine Zehen nicht mehr. Der Arzt meint, seine Sensibilität sei gestört. Es ist unmöglich, Manuel dies verständlich zu machen. Es geht nicht in seinen Kopf hinein.

Er macht aber intellektuell weiterhin Fortschritte. In den pädagogischen Computerspielen entdeckt er nun auf eigene Faust andere Aufgaben und löst sie richtig. D.h. also, dass er Dinge selber ausprobiert - ohne mein Beisein! - und korrekt durchführt. Ich bin stolz auf ihn so wie auf mich! Er findet z.B. die Buchstaben, die in einem Alphabet angegeben sind, und setzt ein vorgegebenes Wort richtig zusammen. Er liest also. Natürlich keine Texte, aber wohl einzelne Wörter. Er kann auch zielsicher bestimmte Wörter unter einer kleinen Anzahl von sechs Wörtern ausfindig machen.

Auch bei der Fernbedienung des Fernsehers findet er selber die Programme, aber nicht mehr einfach durch Zapping, sondern durch Eintippen der entsprechenden Zahlen. Er hat sie sich gemerkt!

Sogar im Dominospiel, bei dem ich ihm immer die Punkte zusammenzählen musste, setzt er selber korrekt. Er weiß auch, dass Doppelsechs beginnt. Früher fiel es ihm schwer, den Stein richtig anzusetzen. Er drehte ihn hin und her. Jetzt geht es flink.

Solitär bereitet ihm noch Schwierigkeiten, obwohl auch hier Fortschritte zu verzeichnen sind. Er kann es auch nur mit meiner Anleitung, alleine gäbe es eine Katastrophe.

Er kennt seinen und meinen Tagesrhythmus. Er fragt mich z.B., ob ich schwimmen gehen werde oder Bridge spielen. Er merkt sich, was ich ihm als besonderes Programm für diesen Tag angegeben habe.

Auf dem Land geht er viel, weil die Wege im Haus länger sind. Er kehrt auch mit besserem Teint zurück, wenn er an der frischen Luft sitzen muss! Und ich erhole mich, da ich nicht durch die Stadt flitze und auch eine zweistündige Siesta mache! Ja, ich schlafe länger als er. In der Stadt ist die Siesta kurz wegen der Therapien, die schon um drei stattfinden. Dieser Wechsel zwischen Stadt und Land ist in Ordnung. Nur auf dem Lande zu wohnen, das hat mich in Depressionen gestürzt. Das Ausgehen und den Kontakt zu anderen Leuten brauche ich ohne Zweifel.

4. November 2006

Manuel hat es geschafft, Max am Telefon verständlich zu machen, dass ich am Freitag, also in sechs Tagen Geburtstag habe! Gute Leistung. Der Grund ist, dass er sich gutes Essen wünscht, ganz klar.

Derzeit findet eine wichtige Konferenz in Santiago statt. Manuel hat es mitgekriegt und auch, dass im Radio die Reden übertragen werden. Er bittet mich also, das Gerät einzuschalten! Es ist immer sehr schwierig festzustellen, inwieweit er Dinge versteht. Man darf ihn dennoch nicht unterschätzen.

Das Puzzle, das er früher von den Kanten her aufbaute, baut er nun von unten nach oben auf. Und er schaut auf die Vorlage!

Was ihm immer noch Mühe bereitet, ist das Solitärspiel. Sind es die Zahlen, sind es die Farben, ich weiß es nicht. Er hat seine Leistung auch hier gesteigert, aber nicht im gleichen Ausmaße wie bei anderen Spielen, wie Domino oder bei den didaktischen Spielen am Computer. Auch Buchstaben, die ich ihm gab, legte er gut zu Wörtern zusammen.

31. März 2007

Ich habe so lange nichts mehr eingetragen, weil sich unser Leben komplett verändert hat. Im Dezember war Ines mit Max für drei Wochen zu Besuch und zwei Wochen später sind sie von Kanada zu uns gezogen. Es ist unfassbar, aber meine Tochter und mein Enkelkind, die ich erst eventuell Ende des Jahres wieder bei mir erwartete, leben nun bei uns.

Eine positive Wandlung auch für Manuel, aber dennoch nicht in dem Maße, wie ich angenommen hätte. Der Grund? Zu Anfang habe ich mich auf die beiden gestürzt, um meinen Hunger nach Liebe zu stillen. Ich fühlte, ich hatte einen Anspruch darauf und auch darauf, die Jahre der Trennung von meiner Tochter aufzuholen. Ergo, der Herr fühlte sich versetzt, auf eine Nebenrolle gerückt. Ich hatte die Nachmittage immer ihm gewidmet. Jetzt wurde er öfters vor den Computer oder ein Puzzle gesetzt, während ich mit den beiden verschwand. Ergebnis: Starke Verkrampfung bei Manuel, die nicht durch die Liebe, die Lebendigkeit, das Erzählen, das Lachen im Hause kompensiert werden konnte. Obwohl er durch einen Wechsel des Krankengymnasten Fortschritte machte und seine Schmerzen nachgelassen hatten. Nun verschlimmerten sie sich wieder.

Inzwischen habe ich meinen Rhythmus wieder besser in den Griff bekommen. Ich kümmere mich nach zwei Monaten ständiger Anwesenheit meiner Lieben mehr um ihn. Der Tagesablauf ist wieder geregelter, obwohl Verkrampfungsmomente auftauchen, wenn er spürt, dass wichtige Nachrichten per Telefon eintreffen. Manuel bekommt die Spannung mit, die in der Luft schwebt. Er spürt unsere Nervosität. Er möchte immer informiert werden über die Inhalte der Telefonate und Mails. Wie viel er versteht, ist mir unklar. Es muss natürlich für ihn schwierig sein, die Rolle des Hörers innezuhaben, nicht diejenige des Ratgebers, des Mitbestimmenden. Während wir heftig diskutieren, bleibt er nur am Rande, ohne aktive Beteiligung. Er kommt sich sicherlich zweitrangig vor, unwichtig. Manchmal versucht er, seinen Senf beizusteuern, durch Gestikulieren, mit ausholender Armbewegung.

Er tut dann so, als wäre ja alles ohne Bedeutung, unwichtig, ein Klacks.

Ja, unser Haus ist zum Matriarchat mutiert. Der Mann im Hause hat nichts mehr zu sagen, nichts mehr zu bestimmen. Ankommende Briefe möchte er zu Gesicht bekommen. Versteht er deren Inhalt? Ich erkläre ihm das Wichtigste, damit seine Frustration nachlässt, damit er sich einbezogen fühlt. Inwieweit weiß er, dass es Getue meinerseits ist? Konstruktives kann er nicht mehr leisten. Er muss sich mit seiner Rolle des Zugegenseins begnügen, ich mit jener des Simulierens. Ich will ihn nicht endgültig verletzen, ihm seine Manneswürde nehmen, ihm, der Jahrzehnte lang andere befehligte, der von seinesgleichen anerkannt und hoch geschätzt wurde. Was für ein Häufchen Nichts ist er nun geworden? Jedes dreijährige Kind löst die Puzzles flinker als er, der sie in mühevoller und langsamer Herkulesarbeit zustande bringt. Jeder Analphabet weiß mehr über die Welt als er, der einst für seine Bildung und sein Wissen bewundert wurde!

Und ein Bekannter meint, es hätte mich besonders schlimm getroffen, da ich ein so stolzer Mensch sei. Mein Stolz ist bestimmt gebrochen. Aber nicht so sehr, weil ich mich herablassen muss, einen Kranken zu pflegen, sondern weil die Eigenschaften, die ich an Manuel hoch schätzte, nunmehr verschwunden sind: Sein scharfsinniger Geist, seine Schlagfertigkeit, seine Spitzfindigkeiten, sein Humor, seine positive Lebenseinstellung, kurzum seine Intelligenz, nebst seinem Wissen, seinem Interesse für alles, von der Geschichte über das Filmen bis zur liebevollen, exzellenten Kochkunst. Es ist alles weggeblasen. Er wird jetzt nicht nur nicht mehr geachtet, sondern von wildfremden Menschen, die keine Ahnung von seinen verflossenen Werten haben, sogar missachtet als unnützer Schmarotzer. Es schmerzt sehr, diese Erfahrungen zu machen. Daher toleriere ich nicht, dass er von diesen Unbekannten, Unwissenden falsch eingeschätzt wird. Solche Erlebnisse durchbohren mein Herz. Ich sag mir dann: Was wissen die schon über ihn? Was sind sie wert im Vergleich zu ihm (dem früheren Menschen natürlich)? Und dennoch muss ich ihnen Recht geben, denn sein Gehirn ist eindeutig lädiert.

Trotzdem kann er mich immer wieder in Erstaunen versetzen. Er entdeckt ständig neue Aufgaben in seinem Computerspiel, Puzzles, die man mit viel Geduld aufbauen muss, von deren Existenz ich nichts wusste. Ja, Geduld ist eine der Eigenschaften, die ihn charakterisierten, und sie taucht immer wieder auf. Aber andererseits ist er unbeschreiblich ungeduldig. Ständig motzt er mich an, weil dies oder jenes fehlt. Wenn ich ihn dann darauf aufmerksam mache, was ich ja alles zu tun habe, dann versucht er mit einem Lächeln und Liebkosungen, alles wieder ins Lot zu bringen. Er weiß ja, dass er mich braucht; ob es ihm bewusst ist, dass er von mir abhängig ist, das kann ich nicht mit Gewissheit sagen. Er tut so, als wäre ja alles selbstverständlich - dass es ihm zusteht. Deswegen erfahre ich auch nie einen Funken Dankbarkeit.

Wenn wir zur Logopädie gehen, müssen wir an einem Wachpolizisten vorbei, den er immer mit einem Kopfnicken grüßt und der ihn respektvoll zurückgrüßt. Ich muss jedes Mal innerlich lachen, denn es kommt mir so vor, als fühle er sich in seine Rolle des Fabrikdirektors zurückversetzt, in der er gnädig den Portier am Eingangstor begrüßt und mit der größten Selbstverständlichkeit eine untertänige Haltung erwartet.

2. April 2007

Ich wollte ja in letzter Zeit meine Zukunft vorausgesagt bekommen. Inzwischen habe ich meine Meinung darüber geändert. Ich finde, ich habe kein Recht, Gott zu spielen. Ja, ich empfinde es als Häresie, in die Kristallkugel schauen zu wollen. Es gehört sich einfach nicht. Und dann: Welchen Sinn hätte es zu leben, wenn man wüsste, was einem bevorsteht? Nein, schön bescheiden abwarten. Das ist wahrscheinlich das Grundproblem: Wir wollen heutzutage alles mitbestimmen, mitgestalten, auch Macht ausüben, indem wir mitwirken. Aber was sind wir in Wirklichkeit? Ein Körnchen, das hierhin oder dorthin gespült werden kann.

Heißt dies, dass ich weiser oder reifer geworden bin? Es ist nun nicht mehr Angst, die mich von den Wahrsagerinnen fernhält, sondern Respekt vor der Schöpfung.

Es ist erstaunlich, wie natürlich ein kleines Kind mit einem Kranken umgeht. Max hat noch nie in diesen zwei bis drei Monaten auf seines Großvaters Fuß oder Bein getreten. Er misst seine Schritte genau ab, um den großen Schuh zu umgehen. Außerdem akzeptiert und liebt er den alten Mann, so wie er ist. Er möchte ihn auch in der Runde sehen, wenn wir ohne ihn an den Strand fahren, an den Fluss schwimmen gehen, ausreiten, einfach durch die Gegend marschieren. Er fragt kurz nach, ob der Opa nicht mit von der Partie sein könnte, aber die Antwort, dass er doch krank sei, ist für ihn vollkommen zufriedenstellend. Er gibt dem Opi Küsschen wie jedem anderen auch. Der Großvater gehört zur Familie; er hat seinen festen, unverrückbaren Platz in ihr inne. Es liegt nichts Abstoßendes in seiner Krankheit. Da reagieren Erwachsene völlig anders! Auf einer Hochzeit traf ich Bekannte, denen ich meinen im feinen Anzug gekleideten Mann vorstellte, der lediglich am Stock ging, und ich merkte den verwirrten, mit Ekel erfüllten Blick der Dame, die offensichtlich am liebsten weggerannt wäre! Wie viel reifer dagegen das natürliche Verhalten des Enkelkindes!

Manuel schäkert ab und zu mit Max, der die Message perfekt versteht. Er schilt seinen Großvater, er solle aufhören, ihn zu ärgern.

Die Logopädin hat eine Wende in der Methodik eingeführt. Nicht dass sie sehr aufregend wäre. Es handelt sich um ein Zurück, denn nun muss Manuel wieder Wörter oder Wortgruppen wiederholen. Zu Anfang dachte ich: Das ist ja pure Schikane. Denn es ist nicht nur mühsam, sondern langweilig. Aber inzwischen sehe ich, dass sie Früchte trägt. Er ist wieder willig, Worte zu sprechen, er klettert aus seiner Stummheit heraus.

23. Juli 2007

Die Hölle kehrt zurück. Ich dachte, sie wäre überstanden. Aber nein. Ich möchte alles wegschmeißen, verschwinden, unter den Brücken übernachten, alles, nur das nicht weitermachen.
Wieso gibt es Menschen, die freiwillig Kranke, ich meine Angehörige, pflegen wollen? Ich kann es nicht, ich will es nicht, ich möchte etwas anderes tun, auch wenn es banal, nichtsnutzig, egoistisch, flüchtig, wertlos ist. Der Stellenwert ist mir egal. Ich kann mir nur vorstellen, dass diejenigen, die so gerne Kranke pflegen, es deshalb tun, weil sie jemanden kommandieren können, über ihn gestellt sind, eine Stellung plötzlich innehaben, die sie sonst in der Gesellschaft nicht genießen.

Fünfmal in dieser Nacht hat er mich zum Wasserlassen geweckt. Und dazwischen immer wieder meinen leichten Schlaf gestört durch sein Röcheln und seinen komischen Husten, der meines Erachtens keiner ist, sondern eher ein Verschlucken. Nach dem dritten Mal hatte ich nun endlich eine Schlaftablette eingenommen, da ich mich schon eine Stunde lang im Bett herumwälzte. Dann habe ich einfach die Geduld verloren. Nicht zum ersten Mal, seitdem er erkrankt ist. Und nicht zum letzten Mal. Ich lag diese Nacht da und sagte mir: Vielleicht erstickt er an seinem Husten. Und dann: Hoffentlich erstickt er an seinem Husten. Man wird mir doch wohl nicht weismachen wollen, dass sich pflegende Angehörige freuen über jeden einzelnen Tag, der dem Kranken zu leben gegönnt ist. Vielleicht wenn sie finanziell von ihm abhängig sind, von seiner Rente oder Pension. In meinem Fall wird bei seinem Ableben das wegfallen, was er tatsächlich kostet. Also bringt mir sein Dasein keine finanziellen Vorteile.
Es ist eine Qual. Ja, nicht immer, zugestanden. Aber auch an den Tagen, an denen es ihm gut geht, bin ich einzig und allein zu seiner Bedienung da. Heute habe ich Bindehautentzündung, ein geschwollenes Auge. Ich sage, er solle es sich anschauen. Nein, er ist ja beleidigt und schaut weg. Mein Wohlbefinden interessiert ihn ja nur deswegen, weil er mein Dasein, mein Beisein benötigt, mich

als Logistikunternehmen. So viel weiß er nun doch: Ohne seine Gattin ist er aufgeschmissen.

Wenn wir uns streiten, schmollt er immer. Nach ein paar Stunden ist es dann vorbei. Im Grunde genommen genauso wie früher bei unseren Streitereien.

Mir ist eingefallen, dass ich in Frankfurt beim Bridge einmal eine Partnerin hatte, die mir erzählte, wie gut sie immer mit ihrem Mann gespielt habe. In meinen Augen spielte sie katastrophal. Und warum? Ihre Turniererfahrung lag bereits vier Jahre zurück. Und was hatte sie in dieser Zeit verrichtet? Ihren kranken Gatten gepflegt! Ja, da tauchen bei mir Parallelgedanken auf. Ich merke vielleicht - genauso wie meine damalige Partnerin - selber nicht, dass ich nicht mehr in die alltägliche Gesellschaft hineinpasse. Ich stelle auch fest, dass ich bei manchen Menschen einen seltsamen Eindruck hinterlasse. Es ist mir schon zweimal passiert, dass man an der Existenz meines Ehegatten zweifelte. Man nimmt wohl an, ich sei von ihm verlassen worden – womit sie eigentlich Recht haben! Ich rede ja nicht mehr gern von ihm, ich schäme mich, ich verstecke ihn, denn ich kann ja nichts Lobenswertes mehr über ihn berichten. Vor Fremden erwähne ich ihn so gut wie gar nicht. Die guten, erwähnenswerten Zeiten liegen einfach zu weit zurück und ich würde praktisch lügen, wenn ich sie heranzöge. Vielleicht später, eines Tages, wenn diese Hölle vorbei ist.

Dabei hatte ich mir immer vorgestellt, seine Integration in die Großfamilie würde ihm gut tun. Jetzt bilden wir seit einem halben Jahr eine und dennoch haben sich die anfänglichen Besserungen schon wieder verflüchtigt. Es steht noch schlimmer um ihn. Ich habe den Eindruck, seine geistigen Fähigkeiten lassen weiterhin nach. Ich habe ganz einfach nicht mehr die Zeit, mich nachmittags mit ihm hinzusetzen und Konzentrationsarbeiten zu verrichten. Ines und Max sind da, wir unterhalten uns, das Kind verlangt viel Aufmerksamkeit und Manuel kommt zu kurz. Anfangs dachte ich, die Tatsache, dass die beiden da sind, reicht als Erfüllung. Mir scheint nun, dass sich die Aussagen der Logopäden und Neurologen bewahrheiten: Die Sprache oder das Denkvermögen kommen nicht von selbst. Das Gehirn braucht

Arbeit, aktives Training, keine passive Aufnahme. Das Dabeisitzen mag als Abwechslung taugen, nicht zum Vorwärtskommen.

Dann frage ich mich, wozu er noch gefördert werden soll. Sprechen wird er nie wieder, das ist mir klar. Aber darum geht es ab jetzt nicht mehr. Sein Gehirn darf nicht noch mehr nachlassen. Ich muss verhindern, dass er in die Demenz abrutscht, oder zumindest die Voraussetzung für einen verzögerten Beginn schaffen. Genauso ist es mit Alzheimer. Wenn ich mir vor Augen halte, was noch alles auf uns zukommen kann, dann muss ich den Ist-Zustand als paradiesisch bezeichnen.

Auf die Frage, ob er weiß, dass sowohl ich wie seine Tochter ihn lieb haben, gibt er mit einer Gestik zu verstehen, dass er es als selbstverständlich erachtet. Ist es wirklich eine Selbstverständlichkeit? Er weiß, wie sehr er mir auf den Wecker geht. Kann er daraus nicht schließen, dass ich ihn nicht mehr ausstehen kann, dass ich ehrlich Lust verspüre, ihn zu verlassen? Manchmal würde ich am liebsten alles liegen lassen, ihn mal eine Nacht, einen ganzen Tag alleine lassen, damit er merkt, wie sehr er doch auf den anderen angewiesen ist. Nur denke ich mir dann, dass er vielleicht in eine tiefe Depression abtauchen würde, aus der es schwierig sein könnte, ihn wieder herauszuholen. Vielleicht verlöre er durch diesen Schock einige Fähigkeiten, wie die Kontinenz, sodass die Kur eher Negativeffekte und keine Erleuchtung bringen würde. Also bleibe ich noch da. Ja, noch. Irgendwann einmal werde ich es nicht mehr packen.

Denn im Grunde genommen besteht mein Leben nur noch aus Warten.

8. August 2007

Wenn es nicht der Fuß ist, dann ist es der Mund. Aphten über Aphten. Sie geben ihm keine Ruhe und uns natürlich auch nicht. Man denkt: Oh, wie herrlich! Alles läuft wunderbar! Und dann plötzlich, aus heiterem Himmel, nach einem friedlichen, angenehm verbrachten Wochenende zieht ein Gewitter heran, im crescendo. Ohne Ursache, so dass ich in Rage gerate. Schmerzen im Mundbereich. So stark, dass das Essen verweigert wird. Nur Brühe. Und etwas Joghurt. Zu sehen ist überhaupt nichts. Er bringt mich zur Verzweiflung, so dass ich eine Ärztin kommen lasse. Die schaut ihn kaum an, meint sofort: Gingivitis. Hinterlässt ein Rezept für ein Antibiotikum, das ich nicht verabreiche.

Wir reinigen sorgsam die Zähne, machen Mundspülungen, fahren zwischen die Zähne. Da die Schmerzen nach drei Tagen nicht nachgelassen haben, aber weder eine Schwellung noch eine Rötung zu sehen sind, suchen wir den Zahnarzt auf. Der untersucht gründlich, und siehe da, eine gewaltige Aphte tritt unter der Zunge zum Vorschein! Kein Wunder! Da hatte ich nicht geschaut. Ich bin von mir selber enttäuscht, denn ich fühlte mich schon ziemlich professionell nach der Aphtenflut, die wir schon hinter uns haben, und mit Gingivitis bin ich nun auch vertraut. Ich beschließe, mein imaginäres Zahnarztdiplom wieder abzuhängen. Und gleichzeitig, bei der nächsten Gelegenheit, ein Zahnarztspiegelchen zu erwerben, um diese Blamage einer Fehldiagnose zu vermeiden.

Ich komme aus diesem elenden Strudel nicht mehr heraus. Das Leben ist so eintönig. Immer nur dreht es sich um irgendwelche Wehwehchen, die meinen Einsatz verlangen. Unwichtiges Zeug. Uninteressantes Zeug.

Und dann seine Nörgelei. Ich bin bei gelb über die Ampel gefahren (nach mir fahren noch zwei weitere Autos über die Kreuzung!). Oder das Kind ist zu unerzogen. Es soll kein Bonbon erhalten, es soll gefälligst ruhig sein. Alles stört ihn, er kann nie ein nettes Wort oder eine liebe Geste von sich geben. Wenn er den Mund aufsperrt, dann ausschließlich, um sein Wehleiden kundzutun oder um etwas an mir oder an uns zu kritisieren. Nie ein Dankeschön, nie ein Lächeln, eine Anerkennung. Es zehrt, es zehrt, es verzehrt meine Kräfte. Es ist unmöglich, ihm beizubringen, einfach nett zu sein.

Ich befinde mich in einer Sackgasse. Kein Fluchtweg in Sicht. Kein Durchstich, keine Abzweigung, nur Dunkelheit vor mir. Trostlosigkeit. Eintönigkeit. Das soll Leben sein? Vielleicht kommen bei mir noch die Symptome der Wechseljahre hinzu. Jede Frau muss da durch. Sie benötigt Unterstützung durch ihren Partner. So etwas erhalte ich natürlich nicht. Ich muss mich alleine durchkämpfen. Einsam bin ich. Sehr einsam.

Heute war ich beim Frauenarzt. Er hat mich nach Medikamenteneinnahme und Krankheiten gefragt. Ich habe beides verneint. Wozu nützt es mir gesund zu sein, wenn ich das Leben nicht genießen kann? Ich möchte auf keinen Fall zum Pflegefall werden. Ich hoffe, ich besitze davor die Einsicht und die Möglichkeit zu verschwinden, oder der Fall tritt gar nicht ein. Noch besser!

Wir haben zu niemandem Kontakt. Niemand besucht uns, niemand ruft uns an, niemand interessiert sich für uns, alle meiden die Gegenwart eines Kranken, schlimmer noch, eines Behinderten. Ich erlösche wie eine Flamme. Mein Lachen wird spärlicher.

Ich dachte, die Gegenwart von Ines und Max würden mein Leben aufheitern, ihm einen Sinn verleihen. Aber es reicht offensichtlich nicht, ich schaffe es nicht. Ich bräuchte bestimmt Unterstützung durch einen Psychologen. Ich fresse stattdessen alles in mich hinein.

Der einzige, der ein Wonneproppen ist, das ist Max. Der weiß Gott sei Dank noch nichts von den wirklichen Sorgen des Lebens. Durch sein Naturell bringt er Sonnenschein in unser Dasein.

Traurigkeit übermannt mich. Ich habe auch zu wenig Abwechslung. Ein anderer Mensch spürt es vielleicht nicht so sehr, braucht weniger vom Leben, begnügt sich eher. Soll ich alles einfach an den Nagel hängen? Ich hätte Lust zu fliehen, mit wehenden Haaren abhauen, alles liegen lassen. Aber ich bin kein Kind mehr. Also muss ich durchhalten, weitermachen, obwohl es keinen Sinn ergibt. Das Paradoxe ist, dass Manuel am Leben hängt, diese karge, gleichförmige, langweilige Daseinsform akzeptiert. Ich tue es nicht. So will ich nicht. Ich bin eingesperrt. Kann nicht ausbrechen.

Seitdem er Rentner ist, hat er seine Ansprüche reduziert, brauchte keine anderen Menschen um sich. Jetzt noch weniger. Einfach nur am Leben sein. Und den anderen die Hölle bereiten.

Abwasser durch die Ritzen

Auf unserer Urlaubsreise in Nicaragua besuchten wir einen Studienfreund meines Mannes. G. hatte im Norden des Landes, an der Küste, eine Garnelenfabrik aufgebaut. Die Krebse vermehrten sich in den Mangroven am Flussufer. In der Fabrik arbeiteten vor allem Frauen. Sie mussten die Tiere nach Größen sortieren und in die Kartons legen. Ausfuhrprodukte. Für die nahe gelegenen USA.

Unser Gastgeber wohnte genauso wie die Eingeborenen in einer Holzhütte auf Stelzen. Wir befanden uns in einem Überschwemmungsgebiet. Dass es in der Regenperiode heftig vom Himmel schütten kann, erlebten wir schon bei unserer Ankunft. Wir waren von der Hauptstadt aus in einem Militärflugzeug sowjetischer Herkunft nach P.C. geflogen. Der Start hatte sich um Stunden verzögert. Aber in diesen Ländern kommt man ohne Geduld nicht weit. Als wir die in die Jahre gekommene Antonow endlich bestiegen, staunten wir nicht wenig: All unser Gepäck lag mittig, ohne Befestigung, und wir Passagiere mussten mit dem Rücken gegen die Außenwand auf den langgezogenen Bänken Platz nehmen. Eigentlich finden, denn nummeriert war da nichts! Und genügend Sicherheitsgurte waren eh nicht vorhanden. Ja, man arrangierte sich, wie es nun mal ging. Während des zweistündigen Fluges wurden sogar Sandwiches mit einem Getränk serviert. Dabei lehnte sich der Stewart über die Mauer der in der Mitte liegenden Koffer, streckte seinen Arm weit aus und reichte uns das karge Mahl hinüber. Wir selber mussten uns ebenfalls strecken, um das Essen in Empfang zu nehmen. Aber es ging. Nicht so lustig wurde es dann in der Nähe von P.C. Wir gerieten in ein heftiges Gewitter mit dem besagten starken Regenfall. Das Fluggerät schaukelte, wir Passagiere wurden gerüttelt, und die Koffer ließen sich das Geschüttele nicht gefallen: Sie tanzten durch die Gegend. Wir mussten also aufpassen, nicht von einem Gepäckstück erdrückt zu werden, gleichzeitig aber auch unsere eigene Position nicht zu verlieren. Manchmal hatte ich Zeit, durch die Luke hinter mir zu schauen: Die Meereswogen schienen fast die Flügel unseres Flugzeugs zu berühren! Ich erschauderte! Sollte dies unser Ende sein? Begraben im Karibischen Meer? Verschluckt und verschwunden für immer? Aber nun gesellte sich die nächste Tortur hinzu: Das Hin und Her missfiel meinem Magen. Ich musste erbrechen. Tüten gab es eh nicht, aber die Tageszeitung erfüllte einen ähnlichen Zweck. Ich fühlte mich so elend, dass mir die Nähe des Todes inzwischen egal war. Ich wollte nur, dass es vorüber wäre. Diese Art der Erlösung meiner Qualen schien mir sogar gelegen.

Plötzlich spürten wir einen Ruck, der durch das ganze Flugzeug ging. Aha, nun ist es soweit, dachte ich. Ade, Leben! Aber nein. Dann kam die Maschine zum Stehen, fest auf der Erde und nicht im Wasser. Ich wagte einen Blick durch das Fenster: Tatsächlich wir standen, zwar nicht auf einer Landepiste, aber immerhin auf Gras. Und schon öffnete sich die am hinteren Ende befindliche Luke mit der Treppe. Ein Herr erhob sich und forderte uns auf, dem lieben Gott für diese mirakulöse Landung zu danken. Wir taten es ihm, dem Priester gleich, obwohl einige Menschen, zu denen meine dreizehnjährige Tochter gehörte, verwundert reagierten. Sie fragte naiv: „*Wird hier bei jeder Landung gebetet?*" Oh, lieber Gott, beschütze weiterhin die Unschuldigen! Welche Wohltat, dass meine Kleine nichts von den Gefahren mitbekommen hatte!

Wir stiegen aus, hinaus in den Regen, und marschierten durch die Pfützen, durch den Matsch in Richtung Flughafengebäude. Kein Bus, der uns abholte, uns Geschädigte, uns Geängstigte, uns Wiederauferstandene. Der Pilot hatte die Meisterleistung vollbracht, das Flugzeug zur Landung zu bringen, aber er hatte die Landepiste durch den Regenschleier zu spät erblickt und war über die Bahn hinausgeschossen. Unsere Rettung war der abgrenzende dicke Stacheldrahtzaun, der das Gerät zum Stehen gebracht hatte. Der vordere Teil des Flugzeugs war natürlich beschädigt. Wir waren aber alle heil! Und heilfroh! Das heißt, wir mussten unseren Schreck erst verdauen, uns mit ihm versöhnen.

G. fuhr uns in seine Behausung. Seine Ehefrau begleitete ihn selten in diese abgelegene Gegend. Kein Wunder! Wer hätte schon die Annehmlichkeiten einer voll ausgestatteten Villa in Miami eingetauscht gegen diese Baracke ohne Bad, ohne Toilette, ohne Küche, ohne Klimaanlage, verloren in der Pampa? Ich bekundete mein völliges Verständnis für ihre Entscheidung, denn vor allem als Frau gestaltete sich das Leben ein wenig problematisch ohne die uns gewohnten hygienischen Vorrichtungen. Denn die Toilette befand sich in der Natur, hinter irgendeinem Busch, wohin einem manchmal auch gleich ein grunzendes Schwein folgte. Bei Regen ein umständliches Unterfangen. Und das Duschen? Ganz einfach. Ein Bediensteter brachte zwei Eimer randvoll mit Wasser gefüllt, kaltem, denn bei einer Lufttemperatur um die 30° oder mehr braucht man kein erwärmtes Nass. Man verschwand in ein leeres Zimmer und begoss sich mit dem Wasser, das dann durch die Ritzen zwischen den Bodenbrettern hinunterfloss. Und unten? Da wartete schon das besagte grunzende Schwein auf irgendetwas Fressbares, das es erhaschen könnte. Der Herr des Hauses war immer makellos gekleidet. In weißer Hose, mit frisch gebügeltem, ebenfalls weißem Hemd. In dieser naturbelassenen Umgebung, ohne Asphaltstraßen, inmitten des Staubs bei Trockenheit, des Schlamms in der Regenzeit, stach diese weiße Gestalt hervor. Es war die Erscheinung des Señor. Er blieb nicht unbemerkt. Und er demonstrierte: Schaut her, ich kann es mir leisten, jeden Tag oder sogar jeden halben Tag meine Hosen zum Waschen abzuliefern. Er war etwas Besonderes.

Wir fuhren auf dem beidseitig mit Mangrovenbüschen gesäumten Fluss zu dessen Mündung in die Karibik. Wir hielten an einer Siedlung mit den bekannten Hütten auf Stelzen. Ein Eingeborener bestieg mit der Schnelligkeit eines Affen eine Palme und holte Kokosnüsse herunter. Ein anderer brach Mangos von den Bäumen. Der Saft triefte an meinen Händen entlang. Kinder sprangen um uns herum. Auf einer Veranda saßen zwei Männer und spielten Schach. Mitten in dieser gottverlassenen Ortschaft! Man könnte sagen, mitten im Dschungel! Männer, die kaum jemals ein Buch zu Gesicht bekamen! Und dennoch: Vielleicht ist der Fortschritt in diesen letzten 30 Jahren so weit vorgedrungen, dass der Ort heute sogar über Internetverbindung verfügt.

Anderntags fuhren wir nach P.C. Auch dort der gleiche Bautypus. Keine Asphaltstraßen. Am Kai wieder ein ungewohnter Anblick: Einige Riesenschildkröten lagen rücklings auf dem Boden mit zusammengeschnürten Beinen und unglücklichem Gesichtsausdruck. Diese Tiere gehören zu den geschützten Arten. Da ihr Konsum aber seit eh und je zur normalen Kost der

Bevölkerung zählt, war es erlaubt, eine bestimmte Anzahl Schildkröten pro Jahr zu verzehren. Kein Wunder, dass ihre Äuglein so traurig dreinschauten. Und ihre Eier wurden ihnen auch gestohlen: Sie wurden hier und da zum Verkauf angeboten, eher am Rande der Legalität. Unsere Mahlzeiten hingegen bestanden meist aus den leckeren frisch gefangenen Garnelen.

Ein Bad im Meer bot keine Erfrischung von der drückenden Hitze. Das Wasser war lauwarm, keine Einladung zur Wiederholung. Es blieb nicht mehr viel zu entdecken, und wir beschlossen, den Heimweg einzuschlagen. Fliegen wollten wir an und für sich nicht noch einmal. Aber der Landweg war ebenso wenig empfehlenswert, die zu durchquerenden Flüsse aufgrund der häufigen Regenfälle nicht passierbar. Also blieb uns nichts anderes übrig, als wieder in eine Antonow zu steigen. Obendrein mit Zwischenlandung unterwegs! Aber diesmal hatten wir Glück: Wir kamen wohlbehalten und ohne Zwischenfall in der Hauptstadt an, die uns mit Gluthitze empfing!

Wir begaben uns an die entgegensetzte Küste, an die pazifische. Dort stand eine schicke Hotelanlage, die ehemalige Wochenendresidenz des Sandinistenkaders. Komplett amerikanisch ausgestattet, mit Kingsize-Betten, so breit dass sie eine Kleinfamilie aufgenommen hätten. Wir konnten das kaum erfrischend zu nennende Meerwasser nur in der Früh bis ca. 9 Uhr genießen und kurz am Abend um 17 Uhr vor dem Sonnenuntergang um 18 Uhr. In der Nähe des Äquators, hier um den 12. Breitengrad, existiert keine Dämmerung. Die Sonne verschwindet, und schon tritt die Dunkelheit der Nacht ein. In den restlichen Tagesstunden war an einen Strandbesuch oder Spaziergang nicht zu denken. Die Hitze war einfach unerträglich, dafür die Klimaanlage im Zimmer oder im Restaurant umso angenehmer.

Während unseres Aufenthalts erfuhren wir vom Wirbelsturm, der Miami erfasst hatte. Diese Stadt war die nächste Station auf unserer Reise. Wir waren bei G.s Frau angemeldet. Wir telefonierten. Na ja, sie hätten keinen Strom, das hieß im Klartext: Die Klimaanlage war außer Betrieb. Dass die Supermärkte geschlossen hatten, dass der Kühlschrank auch nicht lief, das alles war nichts im Vergleich zum Ausfall der Raumkühlung. Uns kümmerte dieser Umstand weniger, denn wir machten ja gerade die

Schulung im Hitzeertragen durch. Wenn wir also nicht zu große Umstände verursachten, würden wir trotzdem kommen.

Neun Tage nach dem Durchzug des Tornados landeten wir in Miami. Ein ungewohnter Anblick: Umgestürzte Bäume auf den Bürgersteigen, zivile Behelfspolizisten, die den Verkehr wegen der nicht funktionierenden Ampeln leiteten, Männer, die vielleicht endlich ihrem Traumberuf nachgehen durften. Und unsere Freundin erzählte uns Unglaubliches: Sie hätte nun nach vielen Jahren ihre Nachbarn kennengelernt. Ein jeder fragte bei seinem Nächsten nach Schäden nach, bot sich an, Hand anzulegen, beim Wegräumen von umgeknickten Ästen z.B. Man bekam sich normalerweise nicht zu sehen, denn man verschwand in der Garage, von der aus man direkt ins klimatisierte Haus spazierte. Ja keinen Schritt in der brennenden Hitze tun! Aber nun, geeint im Unglück, erwuchs ein gesundes Solidaritätsgefühl, das Kokondasein fand ein Ende - zumindest für eine gewisse Zeit.

Die Familie hatte den Wirbelsturm zusammengekauert im Zentrum des Hauses verbracht. Die Fenster hatten sie, die Anordnungen befolgend, mit Brettern zugenagelt. Höllische Angst hatten sie durchgestanden. Das Geheul des Windes war ihnen durch Mark und Bein gegangen. Fürchterliche Momente, die sich für immer in ihr Gedächtnis eingeprägt haben.

Wir brauchten Nahrung. Die im Kühlschrank und in den Eisfächern gelagerten Lebensmittel waren durch den tagelangen Stromausfall und die unerträgliche Hitze ungenießbar geworden. Aber den Supermärkten erging es auch nicht besser. Sie hielten geschlossen, geduldig auf das Fließen der Elektronen wartend. Aber wir befanden uns ja im Lande der Benefizveranstalter, der Spendeneintreiber, und somit begaben wir uns zu einer Sammelstelle, an der sowohl Nahrungs- wie Haushaltsmittel gratis verteilt wurden. Der wichtigste aller Gegenstände? Eiswürfel als vergängliches Kühlmittel! Einige Lebensmittel, dann auch noch große Familienpackungen Toilettenpapier. Dieses stand überhaupt nicht auf der Liste der von uns benötigten Dinge, da sie aber unentgeltlich zur Verfügung gestellt wurden, nahmen wir sie mit. Für jede Familie war ein Limit pro Artikel ausgerechnet, und wir schämten uns nicht, es voll auszuschöpfen. Der Kommentar unserer Gastgeberin: Wir holen uns die Wiedergutmachung zurück! Denn die Spenden stammten in der Mehrzahl von amerikanischen Juden, gegen die ich persönlich nichts hege.

Nach zwei Tagen sprang der Strom endlich wieder an. Somit gingen auch Radio und Fernsehen erneut. Und Nachrichten drangen zu uns: In Nicaragua hatte es am Vortag einen Tsunami gegeben, dessen Epizentrum gerade an dem Ort lag, wo wir einige Tage zuvor noch am Strand gelegen hatten. Die schicke touristische Anlage mit den bequemen amerikanischen Betten war von den Fluten überrollt worden, in der Ortschaft etliche Häuser weggespült, mehrere Menschen ertrunken. Schlamm hatte sich ausgebreitet, wo immer er sich einen Weg bahnen konnte - ein Desaster enormen Umfangs!

Und wie knapp waren wir dieser Katastrophe entgangen! Waren am Ufer dahingeschlendert, nicht ahnend welche Gefahren in der friedlichen Umgebung auf Mensch, Tier, Hab und Gut lauerten! Mir standen die Haare regelrecht zu Berge! Ja im wahrsten Sinne, nicht im übertragenen! Es war unfassbar! Wir waren dem ziemlich sicheren Tode nur um ein paar Tage entgangen. Aber unsere Zeit war offensichtlich noch nicht gekommen. Denn auf einer einzigen Reise hatten wir dreimal Glück gehabt: Das erste Mal bei der Notlandung in P.C., das zweite durch unsere Ankunft erst nach dem Durchzug des tropischen Sturms in Miami und das dritte durch unser rechtzeitiges Verlassen der Pazifikküste. Welche Gottheit beschützte uns? Stellte es eine Lektion in Vergänglichkeit dar? Die stand uns klar vor Augen! Die Indianer hätten bestimmt ihren Göttern als Zeichen der Dankbarkeit und der Ehrerbietung zahlreiche Opfer dargebracht. Wem sollten wir Ungläubige aber unsere Anerkennung und Demut zeigen?

22. August 2007

Manuel hat mir vor Jahren die Geschichte eines Mannes erzählt, dessen Hand gelähmt war. Die Ärzte fanden keine Erklärung dafür. Ein Psychologe deutete sein Gebrechen: Im Grunde genommen wollte er seine Ehefrau ermorden. Weil er diese Tat aber nicht mit seinem Gewissen vereinbaren konnte, hatte er selbst die Lähmung seiner rechten Hand ins Leben gerufen – als Schutz vor sich selber und für seine Frau.

Mir geht es ähnlich: Ich habe Rhizarthrose, d.h. Schmerzen und nachlassende Kraft in den Handgelenken und Daumen. Warum? Weil ich nicht mehr bereit bin, den Fuß meines Gatten massieren zu müssen, weil ich nicht mehr die Anstrengung auf mich nehmen möchte, ihn beim Aufstehen tatkräftig zu unterstützen. Selbstschutz. Um nicht zu Grunde zu gehen durch meine Hilfeleistungen für einen Menschen, der mir nichts mehr gibt als Aufgaben, als Kopfzerbrechen, als Gewissensbisse für angeblich nicht geleistete Hilfen.

Aber leider geht es darüber hinaus: Ich beginne, mich nicht mehr zu beherrschen. Ich zerstöre Dinge, lasse meine Wut aus, um nicht ihn körperlich anzugreifen. Einmal warf ich sein Sesselchen, das er aus heiterem Himmel nicht mehr bequem empfand, durch die Luft. Danach wanderte es zur Reparatur zum Schreiner. Ein anderes Mal schmiss ich mit voller Wucht das Türchen des Kachelofens zu, das darin sitzende dicke Spezialglasfenster zerbarst. Ein weiteres Mal ließ ich ein Kofferradio genüsslich auf die Glasplatte des Couchtisches hinunterkrachen. Das Radio ging danach immer noch einwandfrei, die Glasplatte hingegen war in tausend Stücke zersprungen. Mein allerschwerstes Vergehen jedoch vollbrachte ich mit einem scharfen Messer: Ich durchstach die Tischdecke und die weiche Tischoberfläche eines Spieltisches mit der Messerspitze. Die Tischdecke habe ich später geflickt, obwohl die Spuren meiner Tat erkenntlich bleiben, der Tisch zeigt ungeniert seine Wunden. Bei all diesen Handlungen empfand ich keine Reue, nur Erleichterung, sogar Wohlbefinden. Ich hatte Dampf abgelassen, mich entleert. Ich atmete auf. Der Anlass war immer irgendeine Lappalie gewesen, für meinen Gatten aber von so großer Bedeutung, dass sie unbedingt und ohne Aufschiebung durchgeführt werden sollte. Einmal habe ich in einer ähnlichen Situation die Autotür unachtsam geöffnet und einen vorbeifahrenden Wagen gerammt. Ich hatte unser Auto mehrmals hin und her rangieren müssen, denn nach Manuels Meinung stand es zu weit vom Bordstein entfernt, und er konnte so unmöglich aussteigen. Zentimeter, die uns teuer zu stehen kamen! Nur weil mich Manuel dermaßen in Rage bringt, dass mein Gehirn ausgeschaltet wird.

Aber ein Psychotherapeut, der nichts von meinen Schandtaten wusste, klärte mich auf. Er meinte, es gäbe kaum eine zweite heilige Theresia auf dieser Welt. Uns Menschen seien Grenzen gesetzt in dem, was wir ertragen können. Die Wut staut sich auf, bis sie ein Ventil findet. Man fängt an, sich zu entladen, Sachen zu zerstören. Bei diesen Worten empfand ich mich durchschaut, gläsern. Ich erschauderte. Standen mir die vereinzelten Gewalttaten ins Gesicht geschrieben? Gleichzeitig fühlte ich mich verstanden, geborgen, denn offensichtlich bin ich nicht die Einzige, die zu brutalen Entladungen neigt, nein, ganz eindeutig gehöre ich zu der Vielzahl jener durch eine aussichtslose Situation Getriebenen. Obendrein wissenschaftlich anerkannt!

Ich traf Frau M. Sie nimmt neuerdings starke Beruhigungsmittel. Weshalb?, frage ich. Sie bekäme Panikattacken, einfach so, aus heiterem Himmel, ohne Begegnung mit einer Gefahr durch Mensch, Tier oder gar den Gewaltausbrüchen der Natur. Sie bilde sich die Bedrohung nur ein. Sie geht mit dem Hund spazieren und urplötzlich beginnt ihr Herz stärker zu pochen, im crescendo. Sie zittert am ganzen Leibe, bekommt Angst. Wovor? Das weiß sie selber nicht! Sie weiß nur, dass sie weg muss, nach Hause, sofort. Der Neurologe verstand sie, die unter dem zehn Jahre andauernden Stress der Pflege ihres demenzkranken Mannes selber zugrunde geht. Ihr Körper hat sich einen Ausgleich ausgesucht, der ihm nicht wirklich hilft, der sie lautstark anschreit: *„Tu etwas, damit du nicht zerbrichst! Du stehst am Ende deiner Kräfte! Ewig kann es mit dir so nicht weitergehen!"* Frau M. macht aber weiter und stopft sich bei Bedarf voll mit den Pillen, die abhängig machen und starke Nebeneffekte haben. Kann man ihr das verübeln?

Und Herr T., der mit seiner an Parkinson leidenden Frau einen friedlichen Urlaub verbringen wollte, aber schon am fünften Tag einen Nervenzusammenbruch durch die Überanstrengung erlitt und den Notarzt rufen ließ? Noch ein Heiligenanwärter? Wann breche ich körperlich zusammen? Bis dato waren meine Handlungen sozusagen harmlos. Ich habe „nur" Dinge beschädigt. Wann gelange auch ich in das Stadium, in dem meine Verzweiflung solche Ausmaße annimmt, dass ich mich unbewusst selber angreife, mich selber zerstöre, oder gar jemandem Gewalt antue? Gott bewahre mich!

Heute schmollt Manuel. Bereits drei Stunden lang. Er wollte von einer Therapeutin untersucht werden. Er erhoffte sich eine Lösung für seine Fußschmerzen. Aber die besagte Therapeutin hatte ihn schon einmal untersucht und angegeben, er brauche Wärme, da seine Durchblutung durch den Schlaganfall gestört ist, Elongation der Achillessehne, eventuell Massagen. Das alles wird schon durchgeführt. Es bringt keine wesentliche Besserung, weil sein Gehirn immer wieder fehlerhafte Befehle sendet. Die Therapeutin ist wie alle ihre Kollegen und wie die Ärzte mit ihrem Latein am Ende. Außerdem hat sie keine Lust, sich Manuels Gejammer und sein Stammeln bestehend aus „*na, na, na*" anzuhören. Sie hat den Termin einfach zum zweiten Male abgesagt, ohne Vorwarnung. Das hat ihn immens gestört und ihm wehgetan. Verständlich, aber ich hatte ihn schon gewarnt, sie könne ihm nicht weiter behilflich sein. War es sein letzter Hoffnungsschimmer? Tut mir leid, aber so sieht seine Wirklichkeit aus. Abhilfe existiert nicht.

Dann habe ich soeben einen Artikel im Spiegel über Altenpflege gelesen. Es werden heutzutage Polen eingesetzt, um Kranke zu Hause zu pflegen. Es geht darum, ob das Entgelt rechtmäßig ist oder nicht. Mir geht es aber darum, dass ein jüngeres Ehepaar glücklich ist, dass es nun den alten Vater mit Alzheimer versorgt weiß, gut versorgt. Die Tochter meint, in einem Heim würde er nur wenige Wochen überleben. Alter des Herrn: 93 Jahre! Reicht das nicht? Wie alt soll er denn noch werden? Ist es so erstrebens- und lobenswert, die hundert zu erreichen? Mir graut davor. Wenn mein Gatte tatsächlich solch ein biblisches Alter erreichen sollte, dann wird er mich vorher begraben. Denn unser derzeitiges Leben zehrt an meiner Substanz.

Ich traf neulich eine Dame, die ich in den letzten Monaten nicht gesehen hatte. Sie fragte nach meinen Ehemann, der ja krank sei, ob es ihm besser ginge. Ich erwiderte, er würde nie gesund werden. Was er denn habe, fragte sie. Ich umriss kurz seinen Zustand, woraufhin sie, selber über 80, mit Empörung äußerte: *„Du bist aber zu jung für so etwas!"* Solche Aussagen machen mich verrückt, stürzen mich tief zurück in meinen Schmerz, in meine Wut über die Ungerechtigkeit der Situation, in der ich stecke. Sie zeigt mir nämlich, dass ich Recht habe, dass mir doch ein anderes Leben zusteht. Diese Jahre, die ich jetzt für ihn opfere, sind nicht nur verloren, sie schaden mir im Innersten, denn irgendetwas geht in mir kaputt, die Gesundheit von Leib und Seele. Der Schaden ist bestimmt irreparabel. Es müsste schon ein Wunder geschehen, damit mein Gleichgewicht wiederhergestellt ist. Es ist unglaublich, wie so eine Kleinigkeit, ohne jegliche Hintergedanken geäußert, mich total umwirft, mich in Depression und Selbstmitleid stürzt. Ines meint, es sei meine Trauer, die hochkommt. Ich empfinde es nicht direkt als Trauer. Vielleicht über den Verlust meines normalen Lebensstils. Ich empfinde Wut und tiefen Schmerz.

Eine andere Dame meinte, ich sei doch ein wenig aufbrausend. Wir haben zusammen Bridge gespielt, und ich hatte mich über eine ihrer Ansagen geärgert. Ich versuchte, ihr zu erklären, was mir missfallen hatte, nicht aber, dass ich seit zweieinhalb Jahren keine einzige Nacht durchgeschlafen habe, dass ich immer noch zwei- bis dreimal von meinem Gatten zum Wasserlassen geweckt werde, in letzter Zeit kommt noch hinzu, dass er eine Weile sitzenbleibt und seinen Fuß anstarrt, der ihn schmerzt. Mich schickt er dann schlafen. Er macht das Licht aus und einige Minuten später wieder an und fordert mich auf, ihm beim Zudecken zu helfen. Dies bedeutet mehr und längere Unterbrechungen meines Schlafes.

Ich erkläre ihr auch nicht, dass ich seit zweieinhalb Jahren mit einem Stummen zusammenlebe, der mir manchmal Sachen mitteilen möchte, die ich partout nicht verstehe, wobei mich der Vorgang selber, das nichtverbale *Gespräch* mehr anstrengt als eine Herkulesarbeit. Die Tatsache als solche, dass er mir etwas sagen möchte, das bestimmt nur mit ihm und mit ihm allein zusammenhängt, bringt mich schon auf die Palme. Seine Egozentrik macht mich wahnsinnig. Sein Gedanke mag ja einen Sinn haben, und es ist für ihn enorm wichtig, ihn weiterzuleiten. In mir baut sich aber eine Blockade auf, sobald er versucht, etwas zu äußern, das ein wenig aus der Routine fällt.

Ich sage ihr auch nicht, dass mein Mann halbseitig gelähmt ist, dass ich ihm beim Aufstehen behilflich sein muss, dass ich ihn zweimal wöchentlich im Rollstuhl zur Logopädie schiebe, vier Häuserblocks von zu Hause entfernt, bergauf. Dass er sich ein Jahr lang geweigert hat, am Gebäude der Logopädie angelangt, die acht Stufen hinunter- und beim Rückweg hinaufzusteigen, so dass ich ihn auf der Rückseite des Gebäudes eine steile Rampe hinunterschieben, d.h. eher bremsen muss, und nachher mit lang ausgestreckten Armen und auch Beinen hinaufschubsen muss. Dass ich dann nur bestimmte Schuhe tragen kann, denn sonst rutsche ich den Anhang samt Rollstuhl hinunter!

Nichts äußere ich über meine Seelenqualen, über die tägliche Marter durch seine ewige Quengelei, er habe Schmerzen, immer wieder die Schmerzen, und somit über die indirekte Anschuldigung, ich würde ihn ja nicht ausgiebig genug versorgen, da ich nichts oder zumindest nicht genug gegen sein Leiden unternehme.

Nein, nichts lasse ich verlauten über diese unangenehmen Dinge. Denn, wer mag überhaupt davon hören? Egal ob jung oder alt: Vergnügen, Wohlbefinden, Glückseligkeit ist das, was die Menschen erleben und wovon sie hören möchten. Ein Tagebuch des Schreckens ist nicht nach dem Geschmack meiner Mitmenschen. So fresse ich meine Sorgen in mich hinein und trage mein unglückliches Leben mit mir herum, um ja kein Herzchen zu belästigen. Ich muss auch gestehen, dass kaum jemand nach meinen Leben fragt. Wirke ich so verschlossen? Wahrscheinlich. Schrecke ich die Menschen ab? Wahrscheinlich.

Das Schmollen ist nichts Neues an ihm. Er hat es in gesundem Zustand auch perfekt beherrscht. Ines fragt schon nach den Ameisenhaufen, von dem uns Manuel mehrmals erzählt hatte. In seiner Kindheit schickte ihn nämlich seine Großmutter auf einen Ameisenhaufen im Garten, wenn er ungezogen wurde. Er setzte sich auch brav darauf. Wenn die Oma nach einer Weile nachfragte, ob seine Wut vergangen sei, denn sie machte sich ja bestimmt Sorgen um den gezwickten Jungen, antwortete er erst mal mit nein. Diese Ausdauer, die er als Kind besaß, ist intakt. Seit fünf Stunden sitzt er nun schon da. Hat nichts gegessen. Hat nicht darum gebeten, dass sein Schuh geöffnet wird, dass sein Pantoffel angezogen wird, dass ihm die Decke über die Beine gelegt wird, nicht mal dass die Heizung angemacht wird, geschweige denn dass das Gasöfchen zusätzlich hingestellt wird. Also sage ich ihm, dass er ohne alle diese - für mich - Foltermittel auskommt, ergo wird er sie nicht mehr von mir erhalten!

Er hat eine Freundin, die er aber nicht akzeptiert. Unsere Katze. Dieses Tier erkennt den wärmsten Platz, den er ja immer innehat. Sie setzt sich auf die Decke, die ihn umhüllt, auf seinen Sitz neben dem Heizkörper, auf den Sessel am Kachelofen, auf seine Daunendecke neben seine Füße, auf den wollenen Fußwärmer, aber kaum hat er sie gewittert, schickt er sie fort. Nein, die Liebe dieses Tieres, nicht mal dessen Körperwärme, lässt er an sich heran. Ich kann es mir nur dadurch erklären, dass er nie ein Tier besessen, nie ein Verhältnis zu solch einem Wesen aufgebaut hat. Er kennt Tierliebe nicht. Mit diesem neuen Erlebnis kann er nichts anfangen. Traurig!

25. Oktober 2007

Schon wieder so viel Zeit verstrichen, ohne dass ich eine Zeile geschrieben hätte. Sebastian war zu Besuch mit Ehefrau Ulrike und Kindchen Axel da. Ulkig und verwunderlich zu beobachten, dass Manuel diesen Enkel mehr liebt und akzeptiert als Max, der schon seit Monaten bei uns weilt. In seiner Weltabgeschiedenheit hat Manuel den süßen krabbelnden Kleinen sehr genossen. Der Abschied fiel ihm schwer. Und kaum waren wir in unseren Alltag zu viert zurückgefallen, so starteten die Schmerzen von neuem. Denn erstaunlicherweise wirkten die drei Neulinge wie ein Wundermittel auf seine Phantomschmerzen. Sie verschonten ihn vier Wochen lang. Sogar die Aphte, die in seinem Mund auftauchte, spielte ihm keine dummen Streiche. Er aß normal weiter, verweigerte keine Mahlzeit, beachtete den Makel nicht. Das Herauskommen aus der Routine wirkte sich positiv auf seinen Allgemeinzustand aus.

Inzwischen sind wir wieder voll drinnen. Mit Schmerzen natürlich. Vielleicht ist es mal wieder meine Schuld. Wir sind nämlich auf eine Hochzeit eingeladen und ich rede davon, gebe Schätzungen über die Anzahl der Menschen in der Kathedrale ab, erwähne das Fest mit den zahlreichen Köstlichkeiten, einzig und allein, damit er vorbereitet ist. Das Ergebnis ist eine Zunahme der Spastik, und somit der Schmerzen. Er wird nervös, denn er denkt an die vielen Stufen, die er steigen muss, die Wege, die er wohl wird gehen müssen. Bald wird er wohl nirgendwo mehr hingehen wollen. Der Faulpelz! Und jetzt habe ich auch Hautschäden an seiner rechten Pobacke entdeckt. Folge des vielen Sitzens und Liegens. Was soll nun werden?

24. Januar 2008

Es war so gut gegangen. Drei Wochen auf dem Land, ohne Pfleger, zweimal die Woche Krankengymnastik und ansonsten täglich die Übungen mit mir. Und heute steigt er aus dem Bad und weigert sich, zur Logopädin zu gehen. Nein, er will nicht, er kann nicht. Ich muss alle Pläne mal wieder umwerfen: Bei der Logopädie absagen, der Putzfrau, die ich um zeitliche Verschiebung gerade wegen der Logopädie gebeten hatte, wieder umdisponieren, meine kleinen Erledigungen vertagen. Es haut mich um. Ich habe keine Kraft mehr. Ich kann ihm nicht mehr liebevoll zureden. Mein Vokabular ist verbraucht. Meine Enttäuschung grenzenlos.

Ich schlafe immer schlechter. Es ist jetzt nicht nur so, dass ich Schwierigkeiten habe, wieder einzuschlafen, wenn Manuel mich wegen des Wasserlassens geweckt hat. Nein, ich kann nicht einschlafen, wenn ich mich hinlege. Gestern habe ich mich eine Stunde lang hin- und hergewälzt, bis ich zur ersten Viertteltablette langte. Als eine weitere Stunde erfolglos verstrichen war – während mein Gemahl fleißig vor sich hin schnarchte – griff ich zum nächsten Stückchen. Danach nahm mich Orpheus in seinem Reich auf. Bis mein Bettgenosse um 5 Uhr morgens ins Nachttöpfchen machen musste.

In dieser Woche habe ich vom Selbstmord von Annas Schwiegereltern erfahren. Er hat mit einer Waffe zuerst seine nur noch 37 Kilo wiegende Ehefrau erschossen, dann sich selber. Alles sehr gekonnt, denn beide haben laut Obduktionsbericht nicht gelitten. Aber das Zimmer musste anschließend renoviert werden. Anna ist sehr mitgenommen. Sie hatte mir auf dem Anrufbeantworter eine verschlüsselte Nachricht hinterlassen. Im Gegensatz zu Anna kann ich die Tat vollauf verstehen, noch mehr, ich kann sie gutheißen. Beide waren zwar bestens versorgt, lebten in einer Wohnung im Hause des Sohnes und seiner Familie. Aber gab es für das pflegebedürftige alte Ehepaar irgendwelche Aussichten auf Besserung ihres gesundheitlichen Zustandes? Hätten sie irgendwann einmal am gesellschaftlichen Leben wieder teilnehmen können, abgesehen von den kurzen Besuchen ihrer Enkel, usw.? Es gehört Mut zu solch einer Tat und Verzweiflung. Andrerseits muss man noch hell genug im Kopf sein, um für beide die Sache zu erledigen. Egoismus ist ebenfalls ein wichtiger Bestandteil, vor allem, da ein Waffenträger Ahnung von den horrenden Ausmaßen solch eines Blutbades hat. Man dürfte seine Angehörigen nicht mit solch einem Bild konfrontieren, auch wenn uns heutzutage die Filmindustrie bzw. die Fernsehnachrichten mit ihnen überhäufen. Spielte ein gewisses Rachegefühl eine Rolle? Wollte er seine Nachfahren für unterlassene Liebesbekenntnisse strafen? Oder war es nur einfach der einzige Ausweg aus der verfluchten Abhängigkeitssituation?

Warum befasse ich mich so intensiv mit diesem Vorfall? Weil ich diese Suizidgedanken schon häufiger gehegt habe. Als wir in den ersten Monaten in Santiago noch im siebten Stock wohnten, war mir des Öfteren der Gedanke durch den Kopf geschossen, zuerst Manuel und dann mich selber vom Balkon hinunter zu stürzen. Die Furcht, zertrümmert, aber nicht tot unten zu liegen, hielt mich von der Tat ab. Das wäre kein guter Tausch, im Gegenteil, unsere Situation wäre noch viel schlimmer. Ich weiß inzwischen einen besseren Weg. Gas. Ja, gerade heute habe ich einen neuen Behälter mit 13 Kilo Inhalt kommen lassen. An und für sich ist es für das Heizöfchen bestimmt, aber wer weiß. Vielleicht finde ich eines Tages eine andere Verwendung dafür. Genügend Schlaftabletten habe ich auch da, die uns in Kombination mit dem Fluidum ein hundertprozentiges Ergebnis liefern müssten. Nur denke ich immer noch, dass ich das Anrecht auf ein normales Leben habe, wenn ich verwitwet sein sollte. Die Frage ist, wie lange sich das bis dahin noch hinzieht. Wenn ich die Antwort nur wüsste. Zehn Jahre halte ich nicht durch. Fünf Jahre auch nicht. Wo ist mein Limit? Wird das Schicksal es ausreizen?

Anfang Dezember sind wir an die argentinische Grenze gefahren. Max brauchte einen Einreisestempel im Pass, da er als Tourist hier lebt. Wir haben Manuel mitgenommen. 500 km sind wir gefahren. Er hat die Fahrt und die ganze Reise, drei Nächte im Hotel, sehr genossen.

1. Februar 2008

Er versteht nicht, wenn ich ihn um etwas bitte. Er fühlt sich drangsaliert. Ich versuche, ihm zu erklären, wie wichtig seine Mitarbeit ist. Er blockiert, er bockt, er ist beleidigt. Ich bin mal wieder die Böse. Es ist unmöglich, ihm klar zu machen, dass er einige Angewohnheiten ablegen muss. Z.B.:

Es geht mal wieder ums Schlafen. Ich möchte einen Versuch starten: Er soll nicht mehr um 21.00 Uhr zu Abend essen, sondern um 18.30, eine Zeit, zu der wir meistens Tee trinken. Die wenigen Male, wo wir das durchgesetzt haben, schläft er nämlich die ganze Nacht durch und weckt mich nicht zum Wasserlassen. Aber ich möchte es zur Gewohnheit machen. Es soll stets so sein, damit ich endlich wieder ohne Unterbrechung durchschlafen kann! Aufgrund der drei zurückliegenden Jahre schaffe ich es nämlich nicht einmal, wenn er mich in Ruhe lässt. Dermaßen durcheinander bin ich mit meinen Nerven!

Aber er macht nur zwei Nächte mit, dann möchte er zu seinen alten Zeiten zurückkehren. Es ist eine Sisyphusarbeit. Immer wieder von vorne beginnen, gewonnenes Terrain zurückgewinnen, ein Grabenkrieg wie im Ersten Weltkrieg, ja, denn um Krieg handelt es sich und damit auch um Taktik. Denn ich muss Fingerspitzengefühl anwenden, damit er sich nicht verschließt, damit er nicht aufgibt und streikend im Bett liegen bleibt. Ich frage mich, welcher Unterschied zur Demenz besteht. Manchmal wirkt er vollkommen kohärent, dann wieder bekommt man nichts auf die Reihe mit ihm. Es ist zum Verzweifeln.

Gestern telefonierte ich kurz mit Catarina. Ich muss sagen, ich war neidisch. Warum? Sie lachte, sie wirkte locker, entspannt. Dabei hat sie Schlimmes durchgemacht. Ihr Mann hatte einen Gehirntumor, an dem er nach anderthalb Jahren verstarb. Das liegt nun zwei Jahre zurück. Und jetzt ist sie frei, befreit. Deswegen beneide ich sie, aber vor allem wegen ihres unbefangenen Lachens. Wann werde ich dazu wieder imstande sein?

18. Februar 2008

Ich fühle mich mal wieder leer, leergesaugt. Ich möchte gar nichts, nicht einmal schreiben.

Warum habe ich mich vor fünf oder vor zehn Jahren nicht scheiden lassen? Dann wäre ich jetzt frei, und er müsste sehen, wie er zu Rande kommt. Was man in einem Augenblick versäumt hat, ist nicht nachzuholen, nicht wieder gutzumachen.

Wie lange soll das noch weiter gehen? Bis ich total zerstört bin?

Heute hat er einen Essenswunsch ausgedrückt: Auberginen mit Gehacktem in Tomatensoße, auf türkische Art. Gut, ich zeige ihm die fertige Soße, Rest vom Mittagessen. Ah nein, er möchte eine andere. Ich sage: Kommt gar nicht in Frage. Dann mach sie dir selber! Er, beleidigt. Marschiert ins Bett. Ich gehe reiten. Soll er sehen, wie er es schafft. Und er schafft es. Da er weiter schmollt, lass ich ihn vollkommen alleine. Das zermürbt mich, zerfrisst mich. Die sogenannten Spiele der Erwachsenen. Ich will ihm zeigen, dass es ohne meine Hilfe nicht geht. Dass er klein beigeben muss, dass er vielleicht auch Zeichen der Dankbarkeit zeigen könnte für diese Selbstverständlichkeit, die im Grunde keine zu sein braucht. Ich könnte ihn in ein Heim geben - könnte ich wirklich?

Es packen mich ja jetzt schon die Gewissensbisse, dass ich ihn einige Stunden sich selber überlassen habe. Ich möchte ihn zur Räson bringen, weiß aber, dass dies kaum möglich ist. Nein, dass es einem Wunder gleichkäme. Gibt es noch Wunder? Wird uns eins gegönnt werden? Ich hege meine starken Zweifel.

Er versteht nicht, oder es ist ihm völlig egal, ob ich unter Stress leide. Heute waren Handwerker da; ich musste die verschiedenen kleinen Arbeiten mit ihnen besprechen. Ich sagte zu meinem Gatten in der Früh, er möge sich heute ausnahmsweise beeilen, da diese Gespräche anstünden. Er macht ein Zeichen: Ist doch vollkommen egal! Ja, ihm ist es egal, denn er ist an nichts beteiligt. Die Konsequenz: Als er auf Toilette musste, ließ ich ihn vierzig Minuten dort sitzen, da die Männer meine Entscheidungen erwarteten und für sie, d.h. für mein Portemonnaie lief die Uhr auf Hochtouren!

Ich weiß, nur eine positive Einstellung zu ihm hilft uns weiter. Ich muss stets Geduld anwenden, nachgiebig sein, verständnisvoll und obendrein liebevoll. Ich schaffe es nicht immer, obwohl ich weiß, dass es mich nachher mehr Energie kosten wird, die Situation zwischen uns beiden zu glätten. Vielleicht brauche ich auch manchmal diese Hölle, diese Wut, diesen Hass, um meiner Frustration ihren Lauf zu lassen.

Manchmal will Max ihm kein Küsschen geben. Er spürt bestimmt, dass wir wütend sind auf seinen Großvater. Oder vielleicht fühlt er sich nicht von ihm angezogen, denn Manuel schimpft ja nur über den Kleinen, wie er halt über alles nur schimpfen kann und nie ein Wort des Lobes, der Zustimmung, der Bewunderung, der Liebe zum Ausdruck bringt. Es ist hart, hart, hart!

18. Juli 2008

Die letzten Monate waren sogar gut gewesen. Dann brach die Kälte ein, und die Schmerzen des Herrn mit ihr. Wie gehabt. Seit einer Woche genießen wir zwar sommerliche Temperaturen, aber er labt sich an seinen Beschwerden. Na ja, er verlangt Heizung und warme Anziehsachen, als hätten wir niedrige Temperaturen. Und sein einfältiger Krankenpfleger Pedro gewährt ihm alles. Ich muss wie immer dazwischenschalten und dafür sorgen, dass er sich entsprechend der klimatischen Verhältnisse kleidet. In die kleinsten Details muss ich mich einmischen, sonst läuft das Haus nicht. Es ist zum Verzweifeln! Da begleitet ein erwachsener Mensch schon seit fast drei Jahren meinen Mann und ist unfähig, für ihn oder statt seiner zu denken und zu handeln. Er ist ein einfacher Mensch, aber trotzdem muss er seine Familie mit vier Kindern führen, und dort setzt er sich bestimmt auch dementsprechend durch. Es ist halt ermüdend für mich.

Inzwischen sage ich mir, dass ja nichts hilft. Ich bin also nicht mehr bereit, Geld für irgendwelche Extratherapien auszugeben. Keine private Krankengymnastik mehr, keine private Logopädie mehr. Nur Pedro, der ihn ja massiert und Übungen mit ihm durchführt. Durch die anderen Maßnahmen hat sich nie etwas grundsätzlich geändert, auch wenn er momentan meinte, sie seien toll gewesen. Nichts lohnt sich.

Mit seinem Kälteempfinden geht er uns immer ordentlich auf die Nerven. Ich laufe im T-Shirt und in kurzer Hose herum, und er ist winterlich gekleidet, Decke über dem Schoß, fordert auch noch Heizung. Raumtemperatur: 22,5°. Sonnenschein. Manchmal willige ich ein. Konsequenz: geschwollener Fuß! Konsequenz: Schmerzen! Da sage ich mir wieder: Kein Extrem bekommt ihm, weder Kälte noch Hitze. Also wieder einmal für ihn denken müssen. Er ordnet ja sein Temperaturempfinden nicht korrekt in seinem Gehirn ein. Ganz schön anstrengend.

Er will auch nur herumkommandieren, da er ja nichts mehr zu sagen hat in diesem Haushalt, in keinem Haushalt, nirgendwo. Er weiß, dass er nicht berücksichtigt wird. Obwohl ich ihn immer über die Neuerungen und Neuigkeiten über die Familie oder Sonstiges informiert halte. Damit er sich in seiner Wertschätzung ein wenig bestätigt fühlt.

Denn es verbleibt ihm nur das Schreien. Seine Missbilligung über seinen Enkel oder über meine Handhabung seiner Person drückt er durch Geschrei aus. Reden kann er ja nicht. Sehr angenehm. Es ist die einzige Methode, die ihm verbleibt, um sich *durchzusetzen.*

Heute hatten wir Streit im Bad. Er wollte das elektrische Heizöfchen anhaben. Ich hatte es ausgemacht und mich entkleidet, weil ich die Hitze nicht aushielt. Ich habe geschimpft, und er schrie mich an und gestikulierte, dass er unter diesen Umständen nicht duschen wollte. Ich sagte: *„Okay. Dann kannst du ja alleine zurechtkommen."* Und ging. Er ist dann selbständig, vollkommen nackt, ins Schlafzimmer und hat sich auch ohne Hilfe hingelegt. Das bedeutet, dass er den ganzen Tag schmollen wird. Er wird alles verweigern. Ich weiß, dass ich ihm kein Kontra geben darf. Aber manchmal kann ich halt nicht anders. Er ist auch von vorne herein in dieser Oppositionshaltung, da er heute Nachmittag nicht zu meiner Tante Elisa zur Teeeinladung gehen möchte. Dort muss er ungefähr vierzehn Stufen hochgehen. Das mag er natürlich nicht. Ich sage, da kommen auch meine Geschwister, die wir immer seltener zu Gesicht bekommen. Spielt alles keine Rolle gegenüber der Anstrengung der Treppe. Hinzu kommt in diesem Falle, dass wir ja auch noch zur Messe wegen des 20-Jährigen Todestages meiner Mutter in die Kirche sollen. Das bedeutet wieder gehen. Gut, sage ich, da brauchst du nicht mitzukommen. Denn er mag vom Tod nichts wissen. Verständlich. Obwohl er es meiner Mutter schuldig wäre, denn sie verstanden und mochten sich. Er, der Katholik, war auf keiner einzigen Messe in ihrem Namen. Auch nicht zur Beerdigung, denn wir lebten damals im entfernten Ausland. Also trotzt er. Von mir aus. Obwohl es mich natürlich nicht kalt lässt. Ich habe Gewissensbisse, denn ich weiß, dass alles nur von mir abhängt.

Wenn man aber zusätzlich andere Sorgen mit sich herumträgt, dann schafft man nicht alles. Ich bräuchte Unterstützung, aber erhalte sie nicht. Ich muss immer meine Schultern breit aufstellen und alles tragen, ertragen. Und dann breche ich mal zwischendurch zusammen. Ist das verwunderlich?

Wenn er in einem Heim wäre, würde er das blaue Wunder erleben. Ich sage es ihm auch. Er sieht es nur nicht ein. Kein Mensch würde seinen Launen auch nur die geringste Aufmerksamkeit schenken. Er würde den ganzen Tag vor sich hin dösen. Er klagt über Schmerzen? Eine Spritze und schlaf drüber ein! Er will nicht aufstehen? Umso besser. Bleib liegen. Und Windeln an, damit man nicht gestört wird. Ja, was ich hingegen an Schlaf und damit an Seelenruhe opfere, damit er schön ins Töpfchen urinieren kann! Tagsüber geht er ja selber auf die Toilette, aber in der Nacht verkürzen wir die Prozedur durch ein Nachttöpfchen. Und die Kontinuität meines Schlafes? Dahin. Ich habe kürzlich im Fernsehen einen Bericht über die Schlafgewohnheiten der älteren Menschen gesehen. Also wir fallen nur ein oder höchstens zweimal in die Rem-Phase und sie ist kürzer als bei den Jüngeren. Das bedeutet, dass wir auch über weniger Zeit verfügen, um Dinge im Gedächtnis festzuhalten. Kurzum - meine Erholungsmöglichkeiten sind reduziert.

Ich halte die Belastung bestimmt nicht ewig aus. Ich stecke wie immer in einer Spirale, aus der ich nicht herauskomme. Oder in einer Sackgasse. Und dann ist mir langweilig. Es macht keinen Spaß, sich immer um die gleichen Nichtigkeiten kümmern zu müssen. Neulich sah ich einen Film über eine amerikanische Millionärin, die im Krankheitsstadium von ihrem Butler gepflegt wurde. Es handelt sich um eine wahre Geschichte. Sie sollte Pflegerinnen bekommen, aber er bettelt sie an, sie alleine pflegen zu dürfen. Aus Liebe zu ihr. Oder zu ihrem Gelde? Denn sie hinterlässt ihm Millionen. Gezeigt wird er als liebender, sich aufopfernder Pfleger. Vielleicht schafft man das wirklich, wenn ein großes Ziel dahinter steckt wie diese Millionen. Oder gibt es wirklich Menschen, die aus Liebe so handeln? Bei mir ist wohl keines der beiden Motive vorhanden. Zumindest bräuchte ich ein wenig Feedback, ein wenig Anerkennung, Lob, Dankeszeichen, Liebesbekenntnisse. Ich erhalte von ihm nichts. Nur Meckern. Dabei wissen wir beide, dass er vollkommen auf mich angewiesen ist. Dennoch ist er zu keiner Dankbarkeitsäußerung fähig. Und ich muss weitermachen. Durch welchen Antrieb? Pflichtgefühl, denn Liebe ist nicht mehr vorhanden. Anerkennung, für die 34 Jahre ausgefüllten Lebens mit ihm. Das verbindet. Aber die jetzigen über drei Jährchen machen Vieles zunichte. Es kommt nichts Aufbauendes hinzu. Noch wiegen die Jahrzehnte schwerer gegen diese Folterjahre. Aber die Waage bewegt sich zu Ungunsten der liebevollen Zeit. Wann schwappt sie über?

Dabei gebe ich mich manchmal doch zufrieden mit meinem Los. Und noch mehr: Ich erkläre mich dankbar für die jetzige Zeit, denn ich denke an die schreckliche Zukunft, die mir mit hoher Wahrscheinlichkeit noch bevorsteht. Ja, zuweilen bin ich einsichtig. Denn manch einer würde meine Situation mit Ackermanns *Peanuts*-Ausdruck abtun. Manuel hat keine offenen Wunden, die gepflegt werden müssen, muss nicht im Bett gewendet und gedreht werden, da er ja aufsteht, herumgeht und sich setzt. So viel Aufstand, nur weil er nicht redet? Weil er ein wenig bockt? Lappalien. Zugestanden. Aber das Tagtägliche nervt. Und ich war ja auch für die paar schmerzfreien Monate dankbar, richtig dankbar. Dachte schon, nun ist er – und damit natürlich wir alle – erlöst. Denkste! Alles wieder beim Alten. Für ihn dagegen: Alles neu! Noch nie dagewesen. Ich mag ihm nicht mehr zuhören, ich mag ihm nicht mehr das Gleiche erklären müssen. Denn er versteht eh nicht. Ich bin gestraft mit einem verblödeten Mann.

Man spricht derzeit so viel über die Alzheimerkrankheit wegen der Überalterung der Bevölkerung. Er hat keinen Alzheimer. Aber es ist die gleiche Situation. Ein Mensch, dessen Gehirn nicht mehr das hergibt, was es sollte. Reduziert auf die Hälfte seiner Leistung. Man berichtet darüber, wie die Angehörigen von Alzheimerkranken unter deren Krankheit leiden. Ja, ich bin in einer vergleichbaren Situation. Es handelt sich um seelische Krankheiten, die den Angehörigen einfach fertigmachen. Alzheimer verschlimmert sich. Manuels geistige Leistung bestimmt auch. Das ist mir ganz klar. Besser wird es nie mehr werden. Und alle fliehen vor uns. Niemand nimmt sich unser an. Seht, wie ihr zurechtkommt. Deswegen kann ich es mir kaum vorstellen, dass jemand sich aus Liebe um die Dahinsiechenden kümmert.

Ich versuche auch meinen Kummer nicht an den Pranger zu stellen. Ich möchte die Menschen nicht verscheuchen, aber da ist niemand, den ich verscheuchen könnte. Sie bleiben einfach weg.

Einsamkeit! Wo bleibt der Lebensgenuss?

20. Dezember 2008

Als Ines und Max am sechzehnten nach Kanada fliegen sollten, war Manuel plötzlich ganz niedergeschlagen. Er hatte mich von der Siesta aus dem Bett gejagt und saß dann tatenlos vor sich hin starrend im Sessel. Ich schimpfte mit ihm, denn ich wäre gerne noch ein wenig liegengeblieben. Er gab mir zu verstehen, er sei traurig, weil die beiden abführen. Er schluchzte sogar vor sich hin. Ich meinerseits konnte es nicht fassen, denn er hatte die letzten Wochen und Tage diesbezüglich keine Gefühlsregung gezeigt. Natürlich hatte er immer nachgefragt, wie die Situation der Pässe, der Flugtickets, usw. stünde, so wie er stets über alles informiert sein möchte. Mehr hatte ich mir dabei nicht vorgestellt. Und nun die Tränen! Wo er doch mit seinem Enkel nur schimpft! Nie ein Lobeswort oder Liebesbekundung äußert! Und sie verlassen uns nur für 20 Tage!

Er hat nun ein Jahr lang keine Logopädie mehr genossen, abgesehen von einigen Wochen hier zu Hause privat. Er verlangt nochmals danach, weigert sich aber, die von der Krankenkasse wahrzunehmen. Warum? Weil sie ihn dort hinausgeschmissen haben? Aus beleidigtem Stolz? Oder weil er seine Krankenkasse hasst? Sie ist ihm ja nicht exklusiv genug. Die, bei der er gerne Mitglied wäre, nimmt ihn aber nach seinem Schlaganfall nicht auf. Diese Ausrede akzeptiert er nicht. Er geht davon aus, dass ich ihn wohl belüge.

Ich habe keine Hoffnung, dass er nach fast vier Jahren die Sprechfähigkeit wiedererlangt. Also denke ich mir, ein privater Logopäde entspricht zum Fenster hinausgeschmissenem Geld. Ich zögere die Sache hinaus. Es reicht doch, dass er die Gymnastik des Krankenhauses ablehnt! Ich zahle seit dreieinhalb Jahren privaten Service. Der Herr ist sich zu fein für eine Massenbehandlung. Er war schon immer nur für das Beste zu haben. Ich versuche ständig, die privaten Termine zu reduzieren. Und stets verlangt er nach mehr. Ja, ich weiß, dass die Bewegung für sein Wohlbefinden unerlässlich ist, aber ein Zuviel ist für ihn schädlich. Er hat täglich den Krankenpfleger, der allem Anschein nach die Gymnastikübungen verlängert. Zumindest betritt er immer später am Morgen mit dem geduschten Manuel das Wohnzimmer. Meist kurz vor 12 Uhr mittags. Was macht er vier Stunden lang mit ihm? Ich muss auch noch gegen den Krankenpfleger Pedro ankämpfen, nicht nur gegen meinen Mann. Pedro arbeitet seit gut drei Jahren bei uns. Er war Soldat, hat nur das Gehorchen, nicht aber das Kommandieren gelernt. Ich schaffe es nicht, dass er sich bei Manuel durchsetzt. X-mal habe ich ihm wiederholt, er müsse ein Machtwort reden. Aber nein. Manuel ist sein Brötchengeber, er der Diener. Und dann ist das Verhältnis zwischen den beiden dermaßen eingefahren, dass es keinerlei Änderungen mehr zulässt. Es passt Pedro auch so am besten. Es ist seine Art, die Fäden in der Hand zu halten. Er verwaltet seine vier Stunden nach seinem Gutdünken, lässt mich fauchen.

Es kommt E., die Krankengymnastin, die Manuel schon seit seinem Schlaganfall kennt. Sie war diejenige, die ihn damals fit gemacht hat. Sie schafft es, dass Manuel in den Garten geht. Die eine Stufe, die er zu bewältigen hat, war mit uns stets ein unüberwindbares Hindernis. Sie bringt ihn dazu. Ihr Alter: 28 Jahre. Sie schafft es auch, dass der Herr den zweiten Stock seines Hauses betritt! Zwei Jahre lang hat er sich geweigert, dies zu tun, obwohl er beim Einzug einige Wochen lang dort geschlafen hat. D.h. bestimmte Charaktere können sich bei ihm durchsetzen. Pedro ist offensichtlich der falsche, und ich bin zu erschöpft, um gegen Manuel und Pedro anzukämpfen. Zwischendurch rappele ich mich natürlich auf.

Selbstverständlich ist Manuel stolz auf seine Leistung, vor allem wenn ich ihn dafür lobe, d.h. dass ich anerkenne, welche herkulische Anstrengung sie für ihn bedeutet. Es ist genauso wie früher, als wir in die Berge wandern gingen oder unsere Radtouren machten. Er stöhnte davor und währenddessen, danach prahlte er aber im Büro. Nun prahlt er nicht, aber ich merke, dass es ihm wohltut, gelobt zu werden. Fast staunt er darüber oder beäugt mich, um herauszufinden, ob ich es echt meine oder ihn nur auf den Arm nehme. Nein, es ist echtes Lob.

Heute Abend werde ich ihn alleine lassen. Ich gehe ohne ihn zu Berta, da er sich weigert, über die großen Pflastersteine bis zu ihrer Haustüre zu gehen. Ich lasse mich nicht von ihm schikanieren und finde, ich habe ein Anrecht, beim Geburtstag meiner Schwester zugegen zu sein. Er meint, er bleibt wach, sieht also fern, bis ich komme. Somit geht jeder seinem Plaisierchen nach.

Ich habe nun eine neue Bridgepartnerin, I. Sie beschäftigt sich mit Astrologie. Sie hat schon alle Daten von uns und sie bejahte meine Frage, ob sie in die Zukunft sehen könne. Ich würde sie einerseits gerne über die nächste Zeit befragen, um Klarheit zu erhalten, um sozusagen planen zu können. Andrerseits empfinde ich es als Eingriff in die Natur der Dinge, als Blasphemie, obwohl ich doch gar nicht gläubig bin. Es darf nicht sein, dass man dem Ablauf des Lebens vorgreift. Man darf nicht so ungeduldig sein. Vielleicht habe ich auch bloß Angst vor den künftig eintretenden Ereignissen. Es wäre dann ja so, als müsste ich sie zweimal erleben. Also Geduld, Geduld, Geduld, auch wenn es sehr schwer fällt, und die *Lösung* sozusagen greifbar nahe liegt.

Taschkent

"Warum denn schon wieder in so ein komisches Land, das kein Mensch kennt? Warum könnt ihr nicht zivilisierte Städte anschauen, wo alles schön geordnet, sauber und geregelt ist, wie z.B. New York?", so fragte mich mein ältester Bruder, als er von unseren Reiseplänen nach Usbekistan hörte. *"Genau aus dem Grund, weil es dort nicht unseren Erwartungen entsprechend sein wird, weil alles anders verlaufen wird als in der langweiligen zivilisierten Welt. An unsere Amerikareise, die Westküste entlang und durch die berühmten Nationalparks mag ich nicht zurückdenken. Es war die eintönigste unserer Reisen, obwohl wir auf eigene Faust unterwegs waren, keine Hotels vorgebucht hatten. Vielleicht kann ich mit Landschaften alleine nicht viel anfangen. Ähnlich unspektakulär habe ich z.B. die Schiffsreise die norwegische Küste entlang in Erinnerung. Da werden einige Leute bestimmt gegen mich aufspringen. Deswegen berichte ich jetzt von Usbekistan, mittendrin im asiatischen Kontinent."*

Das Abenteuer begann eigentlich schon vor der Reise, denn die benötigten Visa erhielten wir nur in Bonn am usbekischen Konsulat. Also eine kleine Tour durch Deutschland vor der eigentlichen Abfahrt.

Am Flughafen in Taschkent wurden wir schon erwartet. Mein Mann war geschäftlich unterwegs, und er hatte unsere Ankunft zu dritt angekündigt. Warum holte uns dann Herr X mit Chauffeur in einem kleinen, heruntergekommenen Lada ab, den er an diesem Tage dazu genutzt hatte, auf dem Markt Honigmelonen, so groß wie Wassermelonen, den Kartoffelvorrat für die nächsten Wochen und vieles andere mehr zu besorgen? Wo sollten wir hin mit unseren Koffern und Taschen für drei Personen und zwei Wochen Aufenthalt? Wir brachten alles unter, saßen auf dem Hintersitz zusammengequetscht, Rucksack auf dem Schoß, und erlebten hiermit unsere zweite Enttäuschung. Denn die erste war uns bereits vor der Landung aufgetischt worden. Wir mussten, so wie es unter der Sowjetherrschaft üblich gewesen war, alle Geldmittel angeben, und zugleich wurden wir unter Strafandrohung davor gewarnt, jegliche Antiquitäten aus dem

Lande auszuführen. Das war ein herber Schlag für mich, denn ich hatte mir ausgemalt, eventuell einen alten Teppich aus dem berühmten Buchara erwerben zu können. Ich, die nach einem Jahrzehnt in der Türkei einige Kenntnisse über antike Teppiche besaß und mich auf den Fundus wertvoller Bucharas gefreut hatte. Sollte aus diesem Traum nichts werden?

Nun fuhren wir erst mal durch die leblose, wenig befahrene Stadt zum gebuchten Hotel, damals das beste am Platz. Ein riesiges Gebäude, leider nicht mit denen im heutigen Dubai vergleichbar. Vor dem Eingang viele Autos, starker Betrieb. Die Männer gingen ins Hotel, waren aber bald wieder zur Stelle. Es sei voll.

Ich: *„Wir haben doch reserviert!"* Wir schrieben das Jahr 1992. Das Land feierte seine einjährige Unabhängigkeit von der ehemaligen Sowjetunion. In Taschkent kamen nun alle Abgeordneten, Bürgermeister, usw. aus dem ganzen Lande zu den offiziellen Feierlichkeiten zusammen. Alle Hotels waren überbelegt. *„Warum hast du nicht einen 50-Dollarschein in deinen Pass gelegt?"*, sagte ich zu meinem Mann. Er, stets großzügig, handelte in diesem Fall entgegen seinen Gewohnheiten.

Also ging es weiter auf der Suche nach einem Quartier. Es war ja noch nicht die Zeit der Handys. Wir hielten vor einem kleineren Hotel, das sich offensichtlich in den Händen von Indern oder Pakistanis befand. Mitten im fernen Zentralasien verständigten wir uns mit den Usbeken auf Türkisch, was kein Problem darstellte. Aber Indisch war uns doch zu fremd, und von der Mentalität her war uns die usbekische durch die historische Verwandtschaft zur türkischen viel vertrauter. Bei den Südasiaten wollte ich mit meiner 12-jährigen Tochter nicht bleiben. War diese Entscheidung ein Fehler?

Es ging weiter zum nächsten architektonischen Riesen, dem *Moskowa*, ganz im größenwahnsinnigen russischen Stil erbaut. Ziemlich zerfallen, die Sofas in der Eingangshalle zerfetzt – aber immerhin repräsentativer, als die alltäglichen, die einige Tage später nach Beendigung der Unabhängigkeitsfeierlichkeiten wieder ihre gewohnten Plätze einnehmen sollten. Wir gaben dennoch die Suche auf. Wir blieben, obwohl mit gemischten Gefühlen. Der Flur zu unseren Zimmern war duster. Von Gemütlichkeit, geschweige denn Luxus, keine Spur. Herr X zeigte stolz auf das Bad. Da war aber nichts zum Stolz sein. Die Kacheln hatten Sprünge,

Spülbecken und Toilette überzogen mit einem unangenehmen Grauschimmer stammten aus besseren Zeiten, das Wasser quoll rotbräunlich aus den verrosteten Eisenleitungen. Wir verstanden in dem Moment nicht, dass ein privates Bad für einen Usbeken durchaus keine Selbstverständlichkeit war wie für uns.

Dann waren aber noch diese männlichen Gestalten im Korridor. Mit nacktem Oberkörper. Und schauten uns Frauen auffordernd an. Lehnten provokativ an einer Flur Wand oder gingen von einem Zimmer ins andere. Es wurde mir unheimlich. Und hinzu kam die schummrige Beleuchtung. In der Nacht sollten sich noch Geräusche hinzugesellen, das Aufdrehen von Wasserhähnen, Stöhnen, Schritte. Das zweite Zimmer haben wir unbenutzt gelassen, unsere Tochter zu uns ins Zimmer genommen, denn weder die Türen zum Flur noch jene zum Balkon erschienen uns sicher und Hindernis genug für diese Männerwelt, die sich hier offensichtlich im Bordell aufhielt. Wir hatten alle drei Angst, und dementsprechend schlecht verlief unser Schlaf. Bequem lagen wir zu dritt natürlich nicht in der Enge der zwei zusammengestellten Einzelbetten mit durchgewetzten, hängenden Matratzen.

In der Früh begaben wir uns in den Frühstücksraum. Kein Buffet. Kein Kaffee. Kein Tee. Nur grüner Tee. Keine Milch. Nur Zucker, aber in Brocken, wie kleine Felsstücke. Da kein Brot, bestellten wir die angebotenen Spiegeleier. Sie trieften in einem unangenehmen Öl. Wir verließen den Tisch hungriger und durstiger als bei unserer Ankunft. Obendrein angewidert von der schmuddeligen Tischdecke, den bereits benutzten Stoffservietten. Wir befanden uns im zweitbesten Hotel der Stadt.

Nun starteten wir die Suche nach einem Esslokal. Starbucks oder Mac Donald's würden wir nicht finden. Das war uns klar. Wir waren von der Türkei her die Fertigküchen gewöhnt, in denen wir auf langen Landstrecken oft inmitten der Lastwagenfahrer schmackhaft und üppig gespeist hatten. Es muss ja nicht immer Hilton oder Kaviar sein. Wie groß war unsere Freude, als wir feststellten, dass sich genau gegenüber unseres angeblichen Viersternehotels die Markthallen befanden. Hungers würden wir also nicht sterben. Die vier Tage, die wir im *Moskowa* genächtigt haben, frühstückten wir in einer Marktbude regelmäßig unsere in Öl gebratenen Kartoffelbällchen. Die waren bestimmt nicht gesund, auch nicht als Frühstück geeignet, waren auch mit der Kartoffelschale inklusive, heute würde man freudig meinen, aus Biokartoffeln hergestellt, aber sie schmeckten. Auf dem Markt kauften wir dann frische, gesalzene Mandeln und Obst als Tagesration.

Der Stadtbummel erwies sich als Flop. Da war nicht viel zu besichtigen. Alles war deprimierend. Ich beschloss, die Rückflüge für Ines und mich umzubuchen. Die Reise sollte ja nicht zur Tortur ausarten. Es war kompliziert, aber ich habe es geschafft. Aber nicht für lange Zeit, denn am Abend erzählte mein Mann, dass Herr X doch ein Auto für uns organisiert habe, damit wir die Städte der antiken Seidenstraße, Samarkand, Buchara und auch Shiva besuchen konnten. Am nächsten Morgen habe ich dann die Tickets zum zweiten Mal, zum ursprünglichen Termin, zurückgebucht.

Am Sonntag war die große Unabhängigkeitsfeier, die für das Volk im Park stattfand, u.a. mit kurzen Ballonfahrten. Herr X zeigte sie uns voller Stolz. Aber was konnte uns Westler schon in Staunen versetzen! Mein Mann hatte gerade einige Wochen vor der Reise an einer Ballonfahrt mit Urkunde im bayerischen Voralpenland teilgenommen. Wir schwiegen, um Herrn X nicht noch einmal mit unserer Überheblichkeit zu kränken.

Auch die Einladung in ein Restaurant hat uns nicht berauscht. Als ich nach einer Toilette fragte, wurde ich hinausgeschickt in ein Häuschen. Ich konnte es aber nicht benutzen, Dreck und Gestank haben mich weggetrieben. Ich ging hinter einen Baum. Ob jemand mich sehen konnte oder nicht, war mir egal. Es blieb mir keine Wahl. Und obendrein hatte ich meine Tage und wie es auf Reisen so üblich ist, besonders stark. Weitere Ausführungen erübrigen sich. Dabei hätten wir in puncto Toiletten vorgewarnt sein müssen. Wir hatten nämlich einige Wochen vor unserer Usbekistanreise Herrn X samt zweier anderer Herren bei uns in Frankfurt zum Abendessen zu Gast gehabt. Da der Sommerabend angenehm war, saßen wir auf der Terrasse. Die Unterhaltung verlief wie immer von unserer Seite auf Türkisch, von ihrer auf Usbekisch. Nach einiger Zeit entstand Unruhe unter den Usbeken, die unter sich Russisch sprachen, weil es für sie einerseits einfacher war, andrerseits damit wir sie nicht verstanden. Herr X deutete endlich auf das Gartenhäuschen am Ende des Gartens. Was sich dort befinde. Na ja, Gartengeräte, Rasenmäher,

Heckenschneider, Scheren erklärte ich ihm ziemlich beiläufig. Das Gerede unter ihnen auf Russisch ging weiter. Nach einer Weile erkundigte sich Herr X nach der Toilette. Ich zeigte ihm den Weg. Als er wiederkam, schauten ihn seine Kollegen erwartungsvoll und fragend an. Er nickte mit dem Kopf und gab einen Kommentar auf Russisch ab. Zwei perplexe Gesichter sahen ihn ungläubig an. Inzwischen war mir alles klar geworden: Das Gartenhäuschen war in ihren Augen die Toilette. Sie kannten kein ins Haus integriertes WC, oder zumindest erschien es ihnen als unerschwinglicher Luxus. Dass wir so etwas besaßen, versetzte sie in Erstaunen.

Am Abend waren wir bei Herrn X in seine Wohnung eingeladen. Sie war einfach und karg eingerichtet, die Wände frisch weiß gestrichen, ebenso der Hauseingang. Wir hatten den Eindruck, das Weißeln sei nur zwecks unseres Empfangs geschehen. Aufgetischt wurden uns die Einkäufe, die wir bei unserer Ankunft bereits im Laderaum des Ladas zu Gesicht bekommen hatten: Die leckeren frischen gesalzenen Mandeln, die wir nunmehr täglich auf dem Markt kauften, einzigartig wohlschmeckende riesige Honigmelonen, Trauben und anderes Obst. Wie der Honigmelonenanbau vonstattenging, sollten wir auf unserer Reise durch das Land erfahren: Die Früchte wuchsen in der Wüste, direkt im Sand, dazu mussten Unmengen von Wasser in Kanälen dorthin geleitet werden. Keineswegs eine umweltfreundliche Lösung, eingeführt während der sowjetischen Herrschaft. Bei unserem Rückflug nach Deutschland sollte uns im Flugzeug der Duft der Honigmelonen entgegenströmen: Viele Usbeken verstauten die begehrte, mehre Kilo wiegende Frucht in den Gepäckfächern.

Herr X erzählte uns stolz, sein Sohn arbeite als Zollbeamter. Unterschwellig bedeutete dies: Mein Sohn verdient gut, im Klartext, er nimmt Schmiergelder! Offensichtlich empfand Herr X dies nicht als Schandtat, sondern im Gegenteil als erstrebenswert! Hier trafen wir auf eine vollkommen andere Moralvorstellung, Ergebnis eines Überlebenskampfes, der eine Werteverschiebung verursacht hatte. Wir brachten Verständnis dafür auf, denn Herr X lebte als Direktor einer Fabrik mit ca. 1.000 Mitarbeitern in sehr einfachen Verhältnissen. Wie sollte dann ein Arbeiter über die Runden kommen?

Am gleichen Tage war Herr X dabei gewesen, als ich am Bankschalter Geld umtauschte. Er sah die Summe, die ich wechseln wollte und ermahnte mich, nur 100,- DM zu tauschen. Auch das sei schon viel zu viel, gab er zu verstehen. Wir erfuhren, dass sein monatliches Gehalt diese Summe nicht überschritt und somit, welches Maß sie für ihn darstellte. Ich vermied es in den folgenden Tagen, in seiner Gegenwart Geld zu wechseln.

Das gewaltigste Gebäude im damaligen Taschkent war für mich die Oper, im Jugendstil mit viel Stuck errichtet. Wenig beeindruckend waren hingegen die Aufführungen, da die Qualität der Sänger zu wünschen übrig ließ. Wir fieberten umso mehr der Tour durch das Land entgegen. Von den Hotels versprachen wir uns nach den Erfahrungen in der Hauptstadt natürlich wenig. Dafür beeindruckten uns die Moscheen und die dazugehörigen Bauten, obwohl die meisten durch Renovierungsarbeiten verunstaltet waren. In Buchara war es mir möglich, eine Teppichsammlung zu sichten, in der ich aber keinen bemerkenswerten Fund machte und enttäuscht ohne Kauf davonging. Es handelte sich um gebrauchte Stücke, die nicht mehr verwendbar waren, aber meines Erachtens auch keine Antiquitäten und damit keinen Wert darstellten.

Von Samarkand gelangten wir nach Shiva, wo meine Tochter zu ihrem Kamelritt kam. Wir mussten zu diesem Zweck einen Kamelbesitzer ausfindig machen, denn zu der damaligen Zeit waren wir praktisch die einzigen Touristen, und es wurden keine Ausritte angeboten. Wir fragten uns durch, wie immer unser Türkisch einsetzend, und kamen zu einem ärmlichen Häuschen, abseits des Städtchens. Ein Junge wurde in die Wüste geschickt, um das Tier herbeizuführen. Dies geschah eine Weile später. Das Kamel wurde dann mit schäbigem Sattelzeug beladen, unter ständigem Murren des missmutigen Wesens. Endlich durften wir zwei Frauen aufsitzen, um eine 20-minütige Runde durch die nahegelegene Wüste zu unternehmen. Wir lachten unter dem ständigen Schaukelgang, während mein Mann uns hinterherlaufend filmte. Der Aufwand war größer gewesen als das Endprodukt, wir fühlten uns aber erfolgreich, weil wir es durch den eigenen Einsatz geschafft hatten.

Ähnlich war es mit unserer Fahrt auf dem historischen Fluss Amur Daria, an dem in der Antike viele Schlachten ausgetragen worden sind. Auch hier wurden keinerlei Bootstouren für Touristen angeboten. Es lagen nur einige heruntergekommene Boote am Ufer des braunen, ziemlich breiten Flusses herum. Da bemerkten wir, dass uns von einem verrosteten, schäbigen Schlepper aus zugewinkt wurde. Man lud uns ein, mitzufahren und gab uns zu verstehen, dass wir in höchstens einer Stunde wieder zurück sein würden. Wir stiegen ein. Denn wir stellten uns vor, dass es hier in der Zukunft vielleicht so sein würde wie in Ägypten, wo die Nilfahrten begehrt und teuer sind. Ja, wir gehörten zu den Pionieren, die schon lange vor dem Touristenansturm Dinge unternommen haben würden, die heutzutage zum üblichen Angebot gehören. Und obendrein ohne Führer, stattdessen begleitet von einem geringen Unbehagen, denn wir begaben uns in die Hände von völlig Unbekannten. Im Jemen hätten wir eine solch waghalsige Tour nicht unternommen, aber in der ehemaligen, geordneten Sowjetunion fanden wir, das Risiko sei zu vernachlässigen. Der Schlepper tuckerte langsam in Richtung eines Bootes, das am gegenüberliegenden Ufer festgebunden war und schleppte es dann an unseren Ausgangspunkt zurück. Das war alles, wir aber hatten das Gefühl, eine einzigartige Fahrt gemacht zu haben, die so leicht kein Tourist nach uns vollbringen würde.

Ein weiteres Ziel wäre der Aralsee gewesen, dessen Wasserspiegel gerade aufgrund der enormen durch die Sowjets in die Wege geleiteten Bewässerungsmaßnahmen entsprechend stark gesunken ist. Die Landwirtschaft hatte davon zwar profitiert, die Baumwollproduktion auf Hochtouren gebracht, obwohl man im Lande nur Synthetikkleidung bekam, was bedeutet, dass die weiße Ware zum Export diente. Am See, von wo aus die Kanäle gezogen worden waren, lagen die Schiffchen nun auf dem Trockenen. Die Straßen dorthin waren leider unpassierbar geworden. Somit war dieser Traum nicht erfüllbar.

Zurück in der Hauptstadt begaben wir uns ins Hotel *Usbekistan*, jenes, in dem wir anfangs abgewiesen worden waren. Da die Unabhängigkeitsfeierlichkeiten beendet waren, durften wir diesmal bleiben. Es war wie gesagt das beste Hotel des ganzen Landes, aber immer noch nicht Standard für verwöhnte Westler, auch wenn es im Vergleich zum *Moskowa* paradiesisch anmutete: Das Bad war akzeptabel, in den Fluren lungerten keine halbnackten Männer herum. Wir waren zufrieden. Und meine Tochter und ich stürzten uns auf die Hotelterrasse auf der Suche nach dem im

Prospekt angegebenen Swimmingpool. Am hinteren Ende fanden wir es tatsächlich. Aber darin zu baden war unmöglich, da das Wasser mindestens seit Wochen nicht gereinigt worden war. Es war braun, dunkelbraun, voller Blätter und Unrat. Eine Enttäuschung mehr.

Wir freuten uns nun auf das Essen im Hotelrestaurant, denn die ganze Reise über waren wir nicht auf unsere Kosten gekommen. Aber auch hier sollte es nicht klappen. Wir fanden dennoch ein Gericht, dass uns ausgezeichnet mundete: Eine nahrhafte Gemüsesuppe, eine Minestrone, die in einem großen Suppentopf an den Tisch gebracht wurde. Die bestellten wir sowohl zum Mittagessen wie zum Abendessen, und zwar für alle drei. Und weiter nichts. Tischtücher und Servietten erinnerten uns leider an die anderen Hotels im Lande: Befleckt, benutzt, schmutzig. Aber Papierservietten waren unbekannt. Abends amüsierten wir uns königlich, denn es wurde im Restaurant Livemusik gespielt, und zwar usbekische, d.h. eine der modernen türkischen sehr ähnliche Musik. Da wir diese sehr mögen, haben wir mehrere Stunden mit Tanzen verbracht.

Dann fiel uns im Restaurant noch etwas auf: Wir beobachteten, dass das Personal, das uns eine Weile vorher das Essen serviert hatte, nun am Nebentisch zu Abend aß! Überbleibsel der Angewohnheiten aus den kommunistischen Sowjetzeiten! Das hat sich inzwischen bestimmt geändert!

Nach zwei anstrengenden Wochen, in denen weder die Hotels noch das Essen nach unserem doch als abgehärtet zu bezeichnenden Geschmack gewesen waren, fuhren wir zum Flughafen. Während dort die Koffer geröntgt wurden, begab ich mich an einen Schalter, um die Flughafensteuer zu bezahlen. Auf dem Weg zurück zur Gepäckkontrolle kam mir meine Tochter entgegen und flüsterte mir aufgeregt ins Ohr: *„Auf dem Röntgenbild sieht man ganz genau die zwei silbernen, massiven Armbänder, die du gekauft hast. Was wird jetzt geschehen?"* Ich versuchte, sie zu beruhigen. Die antiken Armreifen hatte ich in Shiva erworben. Ein Jahr später sollte ich die gleichen in einem Antiquitätenladen in der Südtürkei erblicken. Es handelte sich also nicht um besonders ausgefallene Objekte. Das Wichtige dabei ist nur, dass man das Paar besitzt, denn als solches wurden sie getragen. Ich hatte die Silberstücke inmitten der schmutzigen

Wäsche von zwei Wochen Ferien vergraben. Die schützte aber keineswegs vor den forschen Blicken der Röntgenstrahlen. Im Gegensatz zu meinem aufgebrachten Mann verhielt ich mich vollkommen ruhig und half sogar den genervten Zollbeamten beim Wühlen unter den unordentlich zusammengeworfenen Kleidungsstücken. Die Reifen traten dennoch nicht zum Vorschein. Sie zeigten sich zwar unverschämt deutlich im Röntgenbild, blieben aber unbeweglich in ihrem Versteck. Das Schicksal wollte offensichtlich, dass der Schmuck bei mir blieb. Es schützte mich davor, dass der Beamte mir den Befehl gab, den ganzen Koffer auszuleeren. Er war aber so wütend auf das Silber sowie auf seine Unfähigkeit, dass er uns ein Zeichen gab, den Koffer zu schließen und weiterzugehen. Das taten wir unverzüglich. Ich konnte noch seinen missbilligenden Blick erhaschen, den er uns hinterherschickte. Darin lag ein kleiner Fluch, wie wir gleich feststellen sollten.

Wir setzten uns siegesbewusst ins Flugzeug, in eine Maschine der usbekischen Airline. Es vergingen mehrere Minuten, dann eine halbe Stunde und eine ganze Stunde, und es tat sich nichts. Das Gerät war voll besetzt und dennoch hob es nicht ab. Es war defekt. Ich dachte: *„Oh nein! Wenn wir nun aussteigen, eventuell zurück in ein Hotel und morgen die gleiche Prozedur durch den Zoll wiederholen müssen, nein, das stehe ich ein zweites Mal nicht durch!"* Nach zweieinhalb Stunden Warterei und Qualen der Unsicherheit flogen wir unbehelligt ab. Uff, das war eine Erleichterung! Denn ich hatte weniger Angst vor einer Notlandung als vor einer zweiten Begegnung mit einem zornigen Zollbeamten. Und ich muss sagen, die ganze Aufregung hat sich kaum gelohnt, denn die Armbänder sind nicht umwerfend. Ich hatte sie erworben, weil mir sonst nichts Brauchbares angeboten worden war, und ich doch unbedingt meine Art von Souvenir nach Hause bringen wollte. Oder gehört das prickelnde Gefühl der Gefahr zu meinen Abenteuerreisen? Denn dies war nicht das erste Mal, dass ich einen Zollbeamten herausforderte. Jahre zuvor, aus Nicaragua zurückkommend, im Zug von Luxemburg nach Frankfurt, im letzten Wagon sitzend, trat der Beamte zur Passkontrolle ein. Er fragte auch nach zu verzollender Ware, deren Besitz ich verneinte. Er verließ das Abteil skeptisch, ahnend, dass ich etwas verheimlichte. Ich hatte neben meinem kleinen dreijährigen Sohn nur zwei Taschen bei mir. Sehr unauffällig. Der Rest, die zwei vollgepackten Koffer standen ganz am Schluss des Wagons, da ich sie nicht hatte weiterschleppen wollen. Bis dorthin verschlug es den Beamten nicht. Er kam nicht auf den Gedanken, dass die Lösung des Rätsels nur ein paar Schritte entfernt lag. Aber warum hat er nicht seinem wohl ausgebildeten Instinkt Folge geleistet und stattdessen sich von einer jungen, hübschen Frau in die Irre führen lassen? Kurz blieb er noch nachdenklich im Gang stehen. Mein Herz pochte stark, denn in den Koffern lagen mehrere Krokodiltaschen und Sandalen aus Froschleder, die schon damals wegen des Artenschutzes von der Einfuhr ausgeschlossen waren. Ob der Beamte diese Ahnung mit Kollegen besprochen hat? Es wäre durchaus denkbar. Ein ähnliches Erlebnis hatte ich bei der Ankunft am Frankfurter Flughafen, diesmal aus Argentinien einreisend. Ich hob meine Koffer und Taschen auf den Gepäckwagen und äugte dabei unauffällig zu den Zollbeamten hinüber. Ich sah, wie sich einer entschlossen daran machte, zu mir zu kommen. Was blieb mir anderes übrig als die Sichere zu spielen. Ich machte auf ganz langsam, als hätte ich überhaupt nichts zu befürchten, nicht wie jemand, der so schnell wie möglich diesen gefährlichen Ort verlassen möchte. In den Koffern lagen etliche Kilo herrlichster, in Vakuum verpackter Rinderfilets! Als der Beamte mich so unbekümmert schlendern sah, bekam er Zweifel. Er nahm Abstand von seinem Vorhaben. Und ich schob meinen Wagen gemächlich an ihm vorbei und wiederholte mir innerlich voller Bewunderung: Was diese Beamten doch für einen Instinkt und ein fundiertes Wissen haben! Leider fehlt es ihnen an konsequentem Handeln, am Befolgen der inneren Stimme. Das Fleisch haben wir uns mit Freunden einige Tage später munden lassen!

3. Februar 2010

Es werden bald fünf Jahre Krankenpflege und auch 39 Jahre Ehe vollbracht sein. Ich bin ruhiger geworden. Seine kleinen Anfälle berühren mich nicht mehr so wie früher, sie können mich nicht mehr außer Kontrolle bringen. Ich höre mir seine Beschwerden einfach nicht mehr an. Ich gehe oder ich setze mich mit unbeteiligter Miene auf einen Stuhl, um ihn ausreden zu lassen. Er merkt natürlich, dass ich sein Gejammer nicht ernstnehme und reagiert entsprechend enttäuscht. Ich nehme an, ich habe früher sein Gestöhne durch meine Überreaktion gefördert. Es hat überhaupt keinen Sinn, irgendwelche medizinischen oder sonstige Erklärungen für seine Schmerzen abzugeben. Sie dringen nicht in sein Gehirn ein. Er versperrt sich, fühlt sich unverstanden. Aber auch er hat kapituliert, denn niemand lässt sich mehr von ihm beeindrucken.

Dann erfindet er natürlich neue Wehwehchen. Er meint, ihm werde schwindelig. Dabei geht er prima alleine an seinem Stock. Aber er verlangt nach Begleitung. Soll ich noch mehr Zeit für ihn verplempern? Also bleibe ich ein wenig nach dem Aufstehen neben ihm, dann verschwinde ich aber. Und siehe da, mit winzigen Schritten tastet er sich vor und gelangt ins Esszimmer. Sein Gehirn wird nicht mehr so gut durchblutet, sagen die Ärzte. Da kann man nichts mehr machen.

Und jetzt ist ihm auch noch die Brücke am weichen Pfannkuchen kleben geblieben! Als ich etwas Silbernes im ausgespuckten Teig durchschimmern sah, dachte ich zuerst, ein Löffelchen wäre in den Teig gerutscht. Aber nein, es war die Brücke! Also beginnt ein neues Lamento: Er kann nichts Hartes essen, verlangt nach Kartoffelbrei, einen Tag, zwei Tage, drei Tage. Dann fange ich an, ihm die normale Kost zu verabreichen – schließlich verfügt er über genügend Zähne auf der anderen Mundseite – und es geht wunderbar! Aber er hat für einige Tage mal wieder zusätzliche Aufmerksamkeit erhascht. Das ist nämlich die Krux an allem: Nie für voll genommen zu werden, nie im Mittelpunkt zu stehen. Das ist hart. Jetzt muss er im Haushalt mitlaufen. Wo Mama hingeht, da muss er mit, basta. Er hat kein Entscheidungsvotum. Er ist einfach Mitläufer.

In mir hat ein Reifeprozess stattgefunden. Der Neurologe in der Reha hatte mich zwar im Juni 2005 schon darauf aufmerksam gemacht, dass Manuel 10 Jahre in diesem Zustand weiterleben könne, ich habe es aber nicht ganz geglaubt. Ich hatte mich innerlich auf vier Jahre eingestellt. Das fünfte neigt sich aber inzwischen dem Ende zu. Ich habe auch viele Leute getroffen, die mir erzählt haben: Ach ja, mein Opa hat 19 Jahre weitergelebt, mein Ehemann hat 15 Jahre geschafft, usw. Eine Bekannte hat sogar das Bundesverdienstkreuz erhalten, dafür dass sie 25 Jahre lang ihren Mann gepflegt hat. Bitte nicht, diese Anerkennung strebe ich nicht im Geringsten an! Sie kann mir gestohlen bleiben! Ich sehe also, dass Pflege zu einer Art Dauerzustand werden kann, mit seinen Höhen und Tiefen, mit kleinen oder größeren Überraschungen, aber er geht weiter. Es wird mir immer klarer, dass ich mich auf viele Dienstjahre einstellen muss. Die werde ich leisten, so lange ich es schaffe. Wenn er nicht mehr selber aufstehen kann, wenn die körperliche Anstrengung auf mich übertragen werden sollte, werde ich aufgeben. Wann das sein wird, steht in den Sternen. Ich war immer bereit, aus einem Pflichtgefühl heraus, einige Jahre meines Lebens für ihn zu opfern, weil ich mit seinem Tod innerhalb eines gegebenen Zeitraumes rechnete. Dies ist vorbei. Nun muss ich sehen, dass ich lebe. Ja, dass ich die Dinge genieße, die mir Spaß machen. Ich dachte stets an ein Danach. Das ist vorbei. Nun denke ich an ein Daneben. Ich rechne auch nicht unbedingt damit, dass er vor mir stirbt, was mein ursprünglicher Gedanke gewesen war. Vielleicht überlebt er mich, denn er strapaziert mich ja über die Maßen. Aber das ist nebensächlich. Ich habe nun gelernt, den Augenblick zu leben, auszukosten. Ich unternehme, das, was mir zusagt: Ausflüge in die Natur mit ausgedehnten, mehrtägigen Wanderungen oder Ausritten. Bei diesen Unternehmungen bin ich für jeden ausgefüllten Augenblick dankbar, nehme ihn auf und mit. Was ich früher für eine Selbstverständlichkeit hielt, ist heute ein Geschenk. Andere Menschen haben diese Erfahrung schon beschrieben, ich hatte sie bis dato belächelt. Aber da bin ich nun angelangt. Ein Bad in den Wellen, das Betrachten des Mondscheins auf dem schaumigen Meer, das Geräusch des Kauens der im Abendlicht neben einem stillen Bächlein grasenden Pferde, all diese Kleinigkeiten erfüllen mich mit einem wohligen Gefühl. Ich weiß nun den Augenblick zu schätzen. Wenn ich diese kleinen, vielleicht nichtigen Erlebnisse haben darf, dann lohnt sich die Plackerei zuhause, dann kann ich sie verkraften.

Im April 2009 bin ich für 16 Tage nach Peru und Nordchile gefahren. Ines hat es mir nicht nur ermöglicht, sondern obendrein dazu gedrängt. Sie hat die Führung zu Hause übernommen, mir den Rücken gestärkt, sodass ich mich frei von Gewissensbissen aus dem Staube machen konnte. Ohne ihr Zureden hätte ich diesen Sprung nicht unternommen, nicht geschafft. Das hat für mich die Abnabelung bedeutet, es hat mir gezeigt, dass mein Mann ohne mich überlebt, und gleichzeitig, dass ich ein Anrecht auf meine Zeitgestaltung habe. Denn mein Leben kreiste ja nur um sein Leben. Wenn er nicht in Urlaub fahren kann, dann ich auch nicht. Nein, so darf ich nicht denken! Ich tue ja für ihn, was in meinen Möglichkeiten liegt. Ich bin aber auch noch da! Ich habe vier Jahre lang meine wahren Bedürfnisse unterdrückt, seine hingegen in den Vordergrund gestellt, stand zu seinen Diensten und habe mich nicht gelten lassen. Es ist ein langer Prozess zu lernen, auf sich selbst zu achten. Jeder braucht wahrscheinlich einen anderen Zeitraum dazu und ein Erlebnis, das ihm die Augen öffnet. Es ist nicht, dass wir lernen, unentbehrlich zu sein, wie der Manager, der von sich behauptet, die Firma stürzt ein, wenn er fehlt. Nein, es geht nicht um den Job, es geht um unser Überleben oder vielleicht nur um unser Leben. Nur dienen, danke nein. Das kann es nicht gewesen sein. Die Liebe zum Gatten hat sich längst in Pflichtgefühl verwandelt. Aber ich will und darf leben, d.h. mein Leben so gestalten, dass für mich etwas rausspringt, und nicht, dass die Tage in der Monotonie der Pflege verstreichen.

Seit der Perureise habe ich bis dato fünf zwei- bis viertägige Ausflüge unternommen. Der erste hat mich noch eine gewisse Überwindung gekostet. Die folgenden nicht mehr. Obwohl alle Angebote sehr plötzlich kamen, und ich den Eindruck hatte, es sei unmöglich, an ihnen teilzunehmen, habe ich jeweils die bestehenden Verpflichtungen beiseitegeschoben und bin auf und davon. Jeden Ausflug habe ich vollauf genossen. Ich habe auch gelernt, die Dinge positiver aufzufassen. Wenn etwas bei der Tour nicht klappt: Ist nicht so wichtig. Schwamm drüber. Hauptsache, ich erlebe schöne, mich persönlich erfüllende Momente.

Das erste Mal, dass ich ein Gefühl der Dankbarkeit gegen Gott, das Leben, gegen wen auch immer empfand, war, als ich die farbigen Berge im Norden Argentiniens wiedersah. Ich kannte sie schon, da wir sie 1999 aufgesucht hatten. Nun, 10 Jahre später, durfte ich sie noch einmal bewundern und somit irgendwie eine Verbindung zu meinem früheren Leben knüpfen, mit dem richtigen, jenem, das ich nun entbehre, das abhandengekommen ist! Es war eine Offenbarung, dass ich schöne Momente, schöne Ausblicke noch erleben darf, ja darf. Es war wie verboten, ausgeschlossen, es stand mir nicht mehr zu. Und in diesem Augenblick und mehrmals danach gelange ich zu der Einsicht, dass alles noch offensteht, dass ich zugreifen muss, eh es zu spät ist, eh ich aus Erschöpfung unter der Erde begraben liege, oder eh ich ausgelaugt, verschrumpelt und energielos vor mich hin vegetiere. Ich kann nicht mehr warten. Früher stand ich in Wartestellung: Manuel wird bald sterben; ich bin es ihm für die guten Jahre mit ihm schuldig, mich, meine Zeit, mein Glück, mein Leben für ihn aufzuopfern. Es kommt ein Danach. Ich bin inzwischen aufgewacht und bezweifle, dass es ein Danach geben wird, denn, wie gesagt, entweder kommt es umgekehrt, dass ich den Leidensweg nicht durchstehe oder ich bin zu nichts mehr zu gebrauchen. Also, jetzt ran ans Leben.

Ich fange auch gar nicht damit an zu philosophieren: Ich habe nur ein Leben. Es handelt sich um ein reelles, inneres Bedürfnis. Und nicht nur ich profitiere von dieser neuen Einstellung, meinem Manne kommt sie im Endeffekt auch zugute. Ich bin zufriedener, gelassener, weniger gereizt, cooler.

Obwohl ich bei meiner Heimkehr meist eine kalte Dusche von ihm verpasst bekomme. Kaum durch die Haustür hineinspaziert, ruft er mich, ständig schreiend, wobei ich denke, er möchte die letzten Geschichten von mir vorgesetzt erhalten, aber nein: Er beginnt, mir zum abertausendsten Male sein Bein zu zeigen und mir gestikulierend beizubringen, wie elend es ihm schon wieder oder gar immer noch geht. Da bekomme ich Lust, schnurstracks durch die Haustüre in meine eben verlassene, errungene Freiheit zu flüchten. Ich sage es ihm, und er sieht es ein. Er beruhigt sich und fragt nun nach meinen Erlebnissen. Und ich zerbreche nicht mehr eine Glasplatte wie vor einem Jahr und ertrage die Unbeweglichkeit seiner Welt besser. Während ich fortschreite, bleibt er stehen. Oder entwickelt er sich doch weiter? Ich denke schon. Mein Vorwärtskommen reißt ihn ein wenig mit. Meine Öffnung verhilft ihm seinerseits zu mehr Toleranz.

Zu den Dingen, die ich auch aufgegeben habe, gehören die Frauengespräche. Früher hatte ich meine verschiedenen Grüppchen, in denen wir Frauen über wichtige und unwichtige Dinge geredet haben. An solchen Treffen nehme ich nicht mehr teil. Sie fehlen mir, denn, obwohl deren Inhalt banal klingen mag, waren sie ein wichtiger Bestandteil meines Lebens. Wir Frauen unterhalten uns ohne männliches Beisein auf eine bestimmte Weise untereinander. Der Geschlechterkampf ist ausgeschlossen, es geht um Erfahrungsaustausch auf verschiedensten Gebieten, auch um intellektuelle Unterhaltungen, die uns dadurch bereichern, dass wir Vergleiche anstellen können mit ähnlichen, eigenen Situationen, Schlüsse ziehen für weitere Gegebenheiten. In meiner jetzigen Lage möchte ich niemanden mit meinen häuslichen Kämpfen belästigen.

Bei meinen letzten zwei Ausflügen habe ich dieses reine Frauendasein nun endlich wiedererlebt und das Fazit ist: Es hat mir äußerst gut getan. Ich verbrachte zwei Tage mit einer Freundin in ihrem Feriendomizil, wo wir bis zum Gehtnichtmehr erzählt haben, ohne mein Drama anzurühren. Dann waren wir zu dritt für einen Tag am Strand und ich hatte das gleiche Gefühl. Ich bin wieder unter meinesgleichen! Es herrschte eine Harmonie, die ganz anders war als bei den Familientreffen mit Kindern. Wir konzentrierten uns auf uns selber, wurden nicht unnötig abgelenkt. Es hatte eine entlastende, reinigende, beruhigende Wirkung auf mich. Und dabei besitzen meine Freundinnen Charaktereigenschaften, die nicht zur Perfektion gehören. Das ist mir aber egal und das akzeptiere ich, wie sie es ja auch bei mir tun. Was wir dabei gewinnen, ist doch viel wertvoller.

In der Zwischenzeit werden wir auch älter und langsam tauchen Krankheitsbilder hier und da am Horizont auf. Meine alte Freundin M. erzählt mir von ihrem Mann, der nun seit zwei Jahren an starken Depressionen leidet. Sie berichtet, er habe keinen Antrieb mehr, pendele abends nach der Arbeit zwischen Bett und Fernseher umher. Ja, die Tendenz dazu war schon immer vorhanden, antwortet sie auf meine Frage. Das neugeborene Enkelkind ist das einzige, was ihm aus seiner Lethargie heraushilft, das einzige, was ein Lächeln auf seinem Gesicht erscheinen lässt. M. geht ihren Leidensweg.

Da ist auch H., deren Tochter vor inzwischen 20 Jahren einen Reitunfall erlitt und immer noch im Wachkoma liegt. Ich hatte zwar angenommen, das Mädchen sei nach so langer Zeit verstorben, aber nein, nun pflegt H. die stumme, regungslose Tochter auch noch selbst, seitdem sie den Krankenpfleger hinausgeworfen hat. Ohne Lebensgefährten steht sie nun ebenfalls da, aber die Hoffnung auf ein Wunder gibt sie nicht auf.

Auch S. trägt ihr Kreuz mit ihrer gelähmten Tochter, die gefüttert werden muss, die weder geht, noch steht, noch schwimmt, noch rennt, noch rechnet, noch dichtet, die einfach nur da ist und es noch lange sein wird.

Das Elend auf der Welt ist unbeschreiblich und unzählbar. Den einen trifft es eher, den anderen, wie mich, später. Bis es uns nicht eingeholt hat, glauben wir nicht daran. Wenn es da ist, macht man einen enormen Lernprozess durch oder auch nicht. Das hängt von jedem selber ab, von seinen Umständen. Vielleicht wäre bei mir kein Wandel eingetreten, wenn ich nicht die Perureise unternommen hätte. Gedrängt haben viele Leute dazu, dass ich mir zwischendurch eine Auszeit erlauben muss. Auch die Krankenkassen gewähren mit gutem Grund den pflegenden Familienmitgliedern einen Urlaub. Aber so leicht ist es nicht, dessen Notwendigkeit zu akzeptieren, und noch weniger sie umzusetzen. Ines hat mich darin unterstützt; ohne sie wäre die Reise überhaupt nicht realisierbar gewesen. Wann ich nun wieder für eine längere Zeitspanne, verschwinden kann, steht in den Sternen. Aber schon die kurzen Fluchten bringen viel und sind nicht so kompliziert zu organisieren.

22. Januar 2012

Es ist eine lange Zeit verflossen, ohne dass ich etwas niedergeschrieben hätte. Ja, warum wohl? Immer wieder das gleiche zu wiederholen, vor allem wenn es deprimierend ist, kann niemanden befriedigen. Viel besser ginge es mir, wenn ich etwas Fröhliches, Aufmunterndes zu berichten hätte. Aber woher nehmen?

Auf jeden Fall habe ich eine philosophische Richtlinie ausfindig gemacht, einen Leitsatz, den ich mir von irgendwo abgeschrieben habe. Er lautet wie folgt:

„Weiterhin Ziele verfolgen, die unserem Leben einen Sinn verleiten: das hingebungsvolle Tätigsein für Einzelne, für Gruppen oder für eine Sache, Sozialarbeit, politische, geistige oder schöpferische Arbeit. Im Gegensatz zu den Empfehlungen der Moralisten muss man sich wünschen, auch in hohem Alter noch starke Leidenschaften zu haben, die es uns ersparen, dass wir uns nur mit uns selbst beschäftigen. Das Leben behält einen Wert, solange man durch Liebe, Freundschaft, Empörung oder Mitgefühl am Leben der anderen teilnimmt. Dann bleiben auch Gründe, zu handeln oder zu sprechen."

Habe ich mich nun diese letzten Jahre nur mit mir selbst beschäftigt? Eigentlich nicht, denn neben Manuel haben ja auch Ines und Max immerhin über drei Jahre lang bei uns im Haus gelebt. Nun sind wir allesamt wieder nach Frankfurt zurückgekehrt, und im Schuljahr 2010/11 habe ich Max ab Mittag nach der Schule bei mir betreut. Ich habe mich also unbewusst an obigen Leitsatz gehalten, ihn sogar befolgt.

Im September 2011 ist meine Tochter mit ihrem Sohn aus Arbeitsgründen ins nicht zu ferne Brüssel gezogen. Wie gerne hätte ich es ihr gleichgetan! Jeder muss aber seinen Weg gehen, ob holprig oder steinig, wir können ihn nicht aussuchen.

Also ging sie und ich blieb. Ich bekam unerwünschte Gesellschaft. Und zwar in meinem Magen. Keine sonderlichen Symptome: Erbrechen und Unwohlsein einen Tag lang, zweimal im Laufe von drei Monaten. Zwischendurch ein höllisches Aufstoßen. Laut Ärztin ein Magen-Darm-Bakterium, sehr verbreitet in der winterlichen Jahreszeit. In Anbetracht meiner unzufriedenen Miene überwies sie mich zur Magenspiegelung. Die ergab ein Magengeschwür und den Nachweis der netten Helicobacter. Die Ärztin erklärte mir, dass man früher bei Ulkus Stressfaktoren als Ursache ansah und oft die Nervenstränge im Magen entfernte, um das Wiederauftauchen eines Geschwürs zu vermeiden. Aber bei mir könne man ja meinen Mann nicht wegoperieren. Ich nickte und ergab mich hoffnungsvoll in mein Schicksal, im Vertrauen, dass es mir doch wieder eine Chance bieten würde, genauso wie damals, als es mir meine Tochter in der schlimmsten Phase meines Lebens zur Begleitung schickte.

Es gibt natürlich einen Trost. Denn wir haben ja auch noch unseren Sohn Sebastian, der mit Ehefrau und seinen zwei Kindern nur 10 Minuten auf dem Fahrrad von uns entfernt wohnt. Die Kinder sind jetzt 5 und 2 Jahre alt, und nun habe ich endlich Zeit, mich um sie zu kümmern, einzuspringen, wenn die Eltern arbeitsmäßig überlastet sind. Die Einsätze bei ihnen bereiten mir eine große Freude. Leider sind sie nicht so regelmäßig wie sie bei Max waren. Ich werde gerufen, wenn Not am Mann ist, und dann stehe ich auch zur Verfügung.

Ich habe also noch Zeit übrig. Manchmal frage ich mich zwar, wie ich es früher schaffte, mich um Manuel zu kümmern, den Haushalt zu bewältigen, Max zu beaufsichtigen und obendrein meinen eigenen Aktivitäten wie Bridge, Wandern und Literaturkreisen nachzugehen. Ich lasse mir mehr Zeit, hetze mich nicht mehr so sehr ab, obwohl ich diese Angewohnheit wohl nicht ganz ablegen kann. Ich tue auch Dinge, zu denen ich mich früher nicht aufraffen konnte: Mal ein Konzert, mal ins Kino.

Allerdings reichen diese Tätigkeiten nicht aus, um meinen Wochenablauf auszufüllen. Nun habe ich ein dreitägiges Bridgeseminar gebucht, und für Manuel einen Pflegemodus zu Hause eingerichtet. Ich freue mich sehr darauf, hoffentlich lohnt sich im Endeffekt der ganze Aufwand, denn die Kosten für den Kurs haben sich durch den Pflegeeinsatz verdoppelt.

Aber dieses eine Wochenende in einer anderen Stadt, mit neuen Menschen wird mein Leben nicht revolutionieren. Ich benötige eine neue Ausrichtung in meinem Alltag. Aber was tun? Ich werde doch keine soziale Tätigkeit annehmen, wo ich doch selber schon darin eingespannt bin. Und dann ist da noch das Adjektiv *hingebungsvoll* in meinem zitierten Leitsatz. Nach siebenjährigem 24-Stunden Einsatz bezweifle ich, dass ich ihn mit solch einem Begleiter schmücken kann. Er ist eher eine Routine. Was die Politik anbelangt, so muss ich gestehen, dass sie mich noch nie begeistert hat. Also verbleiben für mich die geistige wie auch die schöpferische Tätigkeit, wenn man das Tagebuchschreiben als eine solche bezeichnen will.

Ich erzähle Manuel, dass unser Sohn in diesem Jahr 37 wird, sich also den 40 sichtlich nähert. Und dass er selber in wenigen Monaten 77 wird, also in Bälde 80. Ob er die nächste Dekade erreichen möchte? Ja, er nickt freudig. Und 90 oder 100? Er rüttelt zweifelnd mit dem Kopf. Ich bemerke:*„100! Ohne mich! Verstanden?"* Er lacht.

3. Februar 2012

Am letzten Wochenende gelangte ich zu einer erschütternden Erkenntnis über mich selbst.
Ich verbrachte die Tage in F. bei einem Bridgeseminar. Dort schwatzte ich mit verschiedenen Personen, vor allem mit einem sehr netten, gebildeten Ehepaar. Ich erzählte von den früheren Reisen und den daraus resultierenden Abenteuern mit meinem Ehegatten. Aber wie beschrieb ich wohl unsere Erlebnisse, dass mich die Dame am Sonntagmorgen fragte: *„Ist ihr Mann tot?"* Mit einem Lächeln verneinte ich und erklärte zu den weiteren Fragen: *„Nein, er ist kein Kartenspielertyp, er hat zwar früher aus Gefälligkeit mit uns Skat gespielt, und dann auch noch frecherweise gewonnen, aber im Grunde genommen interessieren ihn Karten überhaupt nicht."* Ich habe keinen Ton von der Krankheit, von der Behinderung, von der Stummheit meines Ehegatten erwähnt. Auch nicht in diesem Moment, als ich direkt darauf angesprochen wurde, als mir ein Türchen offen stand zu meinem inneren Geheimnis, zu meinem Schmerz.
Die Frage für mich ist, warum ich mich dermaßen verschließe, warum ich nicht fähig bin, zuzugeben, dass ich ein Problem habe. Denn, dass etwas nicht stimmt, merkt ja mein Gegenüber. Die sonntägliche Frage ist der Beweis hierfür. Mir wird klar, dass ich nach sieben Jahren den Schlaganfall immer noch nicht verarbeitet habe. Wenn ich mit Fremden zusammen bin, verneine ich seine Existenz, noch schlimmer: Ich möchte ihn durch die Nichterwähnung ungeschehen machen. So geht das aber nicht, muss ich mir nun sagen. Und obendrein nehmen die Menschen die Unstimmigkeit meiner Aussagen wahr, fühlen, dass ich einfach einen Teil meines Lebens verschweige, ausrotte. Ganze sieben Jahre, die ich unter den Teppich kehre! Ja, ich erzähle von der schönen Zeit und lasse die scheußliche aus. Ist das mein gutes Recht? Wenn ich so weitermache, werden sie beim nächsten Mal vielleicht denken, mein Mann säße im Gefängnis oder er sei mit seiner Geliebten abgehauen. Würde ich solch eine Schandtat auch für mich behalten? Durchaus.

Es ist ja in Ordnung, dass ich ein Wochenende mein Alltagsleben zu Hause lassen möchte, dass ich die Last von mir werfe, um in Freiheit und unbekümmert die Stunden zu genießen. Es ist auch akzeptabel, dass ich die anderen Menschen nicht mit meinem Schicksal belasten möchte, ebenso wenig wie ich deren mitleidvolle Blicke und Worte ertragen will. Denn, obwohl wir in einer alternden Gesellschaft leben, wissen wir genau, welche Werte, was und wer in ihr zählen. Dies sind bestimmt auch Gründe für mein Handeln. Aber das Schlimme ist ja, dass ich nicht zu meiner Wirklichkeit stehe, sie verdränge. Benötige ich psychologische Hilfe? Das hat meine Tochter mir schon mehrmals ins Gesicht gesagt.

Im Treffen der pflegenden Angehörigen schneide ich dieses Thema offen an, erwähne mein Erlebnis wie geschehen und auch meine Gedanken über mich selber. Die anderen Teilnehmerinnen, ausgenommen die Gruppenleiterin, verstehen mich nicht gleich. Ich muss den Vorfall mehrmals wiederholen, denn zuerst loben sie, dass ich mich nicht über die Reaktion der Fremden geärgert habe. Es dauert eine Weile, bis klar wird, dass es um meine Reaktion und mein Inneres geht. Keine der anwesenden Damen verheimlicht die Krankheit des Gatten. Sie stehen alle dazu, haben sie besser verarbeitet als ich.

Übrigens empfängt mich mein Gatte mürrisch und missgelaunt nach meinem Wochenendausflug. Dabei war er gut versorgt. Aber er war von vorne herein nicht damit einverstanden, dass ich verreise, dass ich ihn verlasse! Die Angst, dass ich nicht zurückkomme, spielt natürlich immer eine große Rolle. Es dauert im Ganzen 24 Stunden, bis ich ihn aus dem Loch herausgeholt habe, in das er sich vergraben hat. Dabei plane ich schon den nächsten Wochenendtrip, und zwar unter anderem, damit er sich langsam an mein Kommen und Gehen gewöhnt. Wenn er in die Kurzzeitpflege ginge, wäre es für mich ja kein Problem, drei Wochen wegzufahren. Er möchte aber überhaupt nicht getrennt von mir schlafen. Seine Abhängigkeit durch sein Sprechunvermögen ist riesig. Und ich halte fest an meinen kleinen Eskapaden, ob er sie akzeptiert oder nicht. Alles ist reine Gewöhnungssache. Und so kann ich sie vielleicht immer mehr in die Länge ziehen, so dass ich endlich auf meine Kosten komme und länger fort kann.

4. Februar 2012

Manuel hatte zum Geburtstag von seinem Sohn Sebastian eine neue CD mit logopädischen Übungen bekommen. Er arbeitet alleine damit, denn ich habe keine Geduld mehr in Anbetracht der einfachsten Sprechübungen, die er immer noch durchführt. Es nervt mich unheimlich, ich habe keine Geduld für die Lautwiederholungen. Die Logopädin weiß es, denn ich habe ihr offen gesagt, dass sie mir keine Hausaufgaben auf diesem Gebiet dazulassen braucht. Einmal hatte sie es versucht, ich aber habe nicht geübt. Es treibt mich zum Wahnsinn! Es handelt sich ja um Laute und Wörter, die Grundlage der Sprache. Im ersten und vielleicht noch im zweiten Jahr seiner Krankheit habe ich noch Hoffnung in mir getragen, dass er sprechen lernen wird. Inzwischen reduziert sich meine Hoffnung auf das Nichteintreten oder die Verzögerung einer Demenz, denn mit einer verbleibenden Gehirnhälfte ist die Wahrscheinlichkeit ihres Auftretens exponentiell erhöht. Durch die Logopädie, durch jede geistige Betätigung, sollen die noch vorhandenen oder in diesen Jahren hinzugekommenen Gehirnzellen aktiviert werden oder bleiben. Er hingegen glaubt ernsthaft an die Möglichkeit des Spracherwerbs und verbringt viele Stunden am Tag mit dem Programm.

Heute holte er mich zu seinem Computer dazu. Er wollte eine Erklärung für diese oder jene Übung haben, für deren Sinn. Ich versuchte, ihm klarzumachen, dass es sich um eine Einteilung durch die Hersteller handele, die ihn kaltlassen kann. Er zeigte mir andauernd neue Aufgaben, und ich konnte nur das gleiche wiederholen. Gott sei Dank war er mit mir geduldig! Manchmal arten solche Diskussionen, in denen es kein Vorwärtskommen gibt, in Streitigkeiten, in Beleidigtsein, ins Versinken in seine Höhle aus. Dann schmollt er fast den ganzen Tag lang.

In der *Süddeutschen Zeitung* habe ich heute ein Interview mit einem Heidelberger Psychotherapeuten, Arnold Retzer, gelesen, das mir Aufschluss über die Art meiner Beziehung zu Manuel gegeben hat. Retzer spricht zwar über Paare im allgemeinen Sinn, nicht speziell über jene mit einem kranken

Partner, aber dennoch hat es mir meine Lage erhellt, über die ich oft rätsele. Er unterscheidet ganz klar zwischen Liebesbeziehung und Partnerschaft. Ich behaupte ja schon länger, dass meine Beziehung zu Manuel nicht mehr zur ersten Kategorie gehört. Ich frage andere pflegende Angehörige, ob sie Liebe empfinden; sie meinen, es sei Liebe, nur in einer anderen Form als früher. Ich kann diese Meinung nicht teilen und bin froh, nun diese Kategorisierung durch Retzer gefunden zu haben.

Retzer sagt, dass sich die Beziehung eines Paares nach der Geburt eines Kindes verändert. Dann *„wäre es ein Fehler, die Liebe zu betonen. Die sollte das Paar stattdessen auf Eis legen und auf eine Partnerschaft übergehen."* Retzer vertritt also genau meine Position: Liebe spielt keine Rolle in einer Situation, wo das Paar sich durch eine Geburt oder in meinem Fall durch den Krankheitsfall neu orientieren muss. Liebe ist ausgeschaltet, bei mir trifft diese Aussage schon lange zu. Und von Manuel spüre ich ja kaum etwas, da er sich auf sich selber, seine Bedürfnisse, seine Wehwehchen konzentriert. Von Retzer fühle ich mich verstanden, vertreten. Ob die Damen, die von einer anderen, neuen Art von Liebe zum pflegebedürftigen Gatten sprechen, ehrlich zu mir oder zu sich selber sind? Man könnte meinen, Retzer spricht von einer vorübergehenden Situation, denn das Baby entwickelt sich, benötigt mit der Zeit keine 24-Stunden Aufmerksamkeit mehr. Bei unseren Kranken gibt es aber keine Entwicklung, zumindest nicht hin in die fortschreitende Unabhängigkeit, sondern eher im Gegenteil, vor allem bei den Dementen, in steigende oder sogar vollkommene Abhängigkeit. Aber Retzer geht ja noch weiter: Die Liebe ist hier fehl am Platz! Sie stört! Er fährt fort: *„Dann kann es nicht mehr um das ungehemmte Miteinander und um Exklusivität gehen, sondern darum, irgendwie über die Runden zu kommen."* Denn nun muss man einen kühlen Kopf bewahren, sachlich denken. Und weiter: *„Darunter* (unter Partnerschaft) *verstehe ich ein abgekühltes Organisationssystem. Da geht es um Vertragstreue, Gerechtigkeit, Verhandlungen um Rechte und Pflichten."* Im Klartext: Das Paar muss die Rollen ganz genau definieren, sie gerecht verteilen und sich an die getroffenen Vereinbarungen halten. Bei uns gibt es aber leider keine Rollen zu verteilen. Es gibt nur einen, der alle übernehmen kann und soll: Ich. Das Organigramm ist ganz simpel auf eine einzige Person gekürzt, nämlich mich. Es ist also keine Partnerschaft sondern so etwas wie eine *Einschaft* (wenn Retzer Neologismen kreieren darf, dann ich ebenfalls!). Kein Wunder, dass ich des Öfteren keine Lust mehr verspüre weiterzumachen!

Retzer kommt dann aber wieder auf die Liebe zu sprechen: *„Irgendwann muss die Ressource Liebe wieder ins Spiel kommen."* Aha, sonst geht das Paar zugrunde, sprich auseinander. Aber bei mir sehe ich keinen Hoffnungsschimmer, dass die Liebe nochmals in Erscheinung tritt. Das ist vorbei, für immer und ewig! Wie soll ich dann funktionieren? Großes Fragezeichen!

Wenn man Retzer fragt, wie er die Liebe bei den zu therapierenden Paaren wiederbelebt, antwortet er: *„Ich frage nach schönen Erinnerungen. Der Liebesmythos vom Beginn der Beziehung muss reaktiviert werden."* Und genau dies praktiziere ich: Ich erzähle von den schönen Reisen, von unseren Abenteuern, von all den vielen, unzähligen schönen Stunden, Tagen, die wir gemeinsam verbracht, verlebt haben. Und dabei handelt es sich nicht um ein Surrogat, um ein Vertuschungs- oder Ablenkungsmanöver, nein, es sind echte, angenehme Erinnerungen, Highlights in unserer gemeinsamen Biographie, von denen wir zehren können. Denn ja, wir hatten ein reiches Leben, das wiederhole ich Manuel immer wieder. Er soll sich ruhig mit den anderen vergleichen, die wenig von dieser Welt gesehen haben, nicht so intensiv gelebt haben wie wir.

Und Retzer bringt eine Wortneuschöpfung, zumindest ist es eine für mich. Er spricht von der *Widerfahrniskompetenz,* womit er die Eigenschaft meint, das zu akzeptieren, was uns widerfährt. Damit trifft er den springenden Punkt. Je nach Härte des Ereignisses fällt es dem Einzelnen bestimmt leichter oder schwerer, es anzunehmen. Je nach Eigenart des Einzelnen braucht er kürzer oder länger dafür. Man benötigt eine gewisse Reife, die auch die Zeit mit sich bringen kann.

Ich persönlich hadere nicht mehr mit meinem Schicksal, zumindest glaube ich es, obwohl ich natürlich nicht glücklich über mein jetziges Dasein bin. Ich jammere aber nicht und beklage mich nicht, wie es z.B. eine Dame tut, die immer wieder darauf zurückkommt, dass das Alter doch so entsetzlich sei. Dann kann man ja gleich sagen, dass das Leben entsetzlich ist! Man denke bloß an die Menschen in Kriegssituationen, an behinderte Kinder, an all die Krankheiten, die auch in jungen Jahren auftreten können. Damit verglichen geht es uns doch blendend, Alter hin oder her. Wenn wir also unser Schicksal akzeptieren, sind wir befreit und können uns auf das Leben vor uns konzentrieren. Ein großer Gewinn.

Wir sollen laut Retzer das Streben nach *Maximierung* sowie *Optimierung* in der Beziehung zum Partner aufgeben, was auch einer Aufgabe von Ansprüchen an das Leben gleichkommt. Bescheidenheit üben. Ja, wahrlich, das habe ich gelernt. Nicht mit Freuden, mit Resignation. Und wieder finde ich den genauen Ausdruck hierfür bei Retzer: *die resignative Reife* ist gefragt! Er bringt sie im Zusammenhang zu den Anforderungen an den Liebespartner: *„Stellen Sie sich eine Beziehung als Kunstwerk vor, das auf zwei Wege entstehen kann. Bei dem einem malt der Maler seine Vorstellung auf eine weiße Leinwand. Bei dem anderen haut ein Bildhauer Stücke aus einem Marmorblock. Aus meiner Sicht ist eine erfolgreiche Paarbeziehung mit der zweiten Form zu vergleichen. Das Hinzufügen von Ansprüchen und Vorstellungen klappt nicht so gut wie das Weglassen."* Wenn diese Beschreibung nicht auf meine Situation zutrifft, dann weiß ich wahrlich nicht, welche es sollte. Ich kann nur Ansprüche fallen lassen bei einem Mann, der mir überhaupt nichts mehr bietet, dazu nicht mehr imstande ist, ein Bruchteil seiner Selbst ist, ein Bruchteil dessen, was ich ausgesucht und geheiratet habe. Aber wie sieht es umgekehrt aus? Mit Manuels Ansprüchen mir gegenüber? Er schraubt sie hoch, erwartet Höchstleistungen von mir auf allen möglichen Gebieten, mit denen ich nichts am Hut habe. Ich soll Altenpflegerin, Krankenschwester, Physiotherapeutin, Logopädin, Masseurin, Starköchin sein und all diese Berufe mit größter Selbstverständlichkeit ausüben. Es sind aber nicht die Berufe meiner Wahl! Er kennt kein Maß; man wird einwenden, einem Kranken dürfe ich dies nicht zum Vorwurf machen. Ja, die Geduld, wenn man die immer besäße!

Retzer geht noch weiter in seiner Beschreibung der menschlichen Beziehungen: *„Die Vernunft liegt im Weglassen problematischer Dinge. Dazu gehören... die Vorstellung, Probleme wären lösbar."* Zu dieser Schlussfolgerung, von der ich nicht wusste, dass sie vernünftig sei, bin ich wie gesagt schon seit einiger Zeit gelangt. Aber bei mir handelt es sich nicht um ein unlösbares Problem, sondern um eine irreversible Situation! Die Krankheit ist nicht mehr rückgängig zu machen! Friss, Vogel, oder stirb! Man nimmt es oder lässt es! Da braucht man sich nicht großartig mit Resignation, Reife, Widerfahrniskompetenz zu brüsten, obwohl alles für meinen Fall zutrifft. Wird Retzer nicht selber erstaunt darüber sein, dass sein Modell, das er für gesunde Paare konzipiert hat, auch perfekt auf ein Paar mit einem Kranken passt?

Unser Alltag, den es ja laut Retzer auch in einer ungewohnten Situation, bei uns durch die Krankheit, zu regeln gilt, läuft nach einem fast militärischen Aufbau ab. Es herrscht Ordnung. Und die halten wir strikt ein, ja alle beide, auch wenn der eine bestimmte Dinge mehr betont, als der andere es gern hätte. Z.B. weckt mich Manuel jeden Morgen pünktlich um sieben Uhr. Ich nehme an, er ist schon vorher wach, schaut sehnsüchtig auf den Wecker, bis es endlich soweit ist. Den elektrischen Wecker mit erhellten Ziffern habe ich ihm extra gekauft, denn davor schaltete er ständig das Licht an, um auf der Armbanduhr nach der Uhrzeit zu schauen. Dadurch weckte er mich schon viel früher als jetzt. Inzwischen ist es ein ungeschriebenes Gesetz zwischen uns beiden, dass vor sieben Uhr nicht aufgestanden wird! Das hält er kategorisch ein. Aber wohin muss er denn? Welche Verpflichtungen hat er denn? Nichts zu machen, ob Wochentag oder Wochenende, um 7:00 knipst er das Licht an, Signal für mich aufzustehen, ihn anzuziehen, sein Glas Wasser hinzustellen, den Tag zu beginnen. Er verrichtet dann am Bettrand sitzend eine Stunde lang körperliche Übungen. Um 8:00 kommt er an den Frühstückstisch. Ich habe natürlich längst gefrühstückt, in Ruhe, für mich. Wieso? Weil ich für niemanden außer mir selber das Brot streichen musste, nicht zwischendurch aufgestanden bin, um Manuel irgendeinen Wunsch zu erfüllen. Das bedeutet mir sehr viel. Und nun, innerlich in jeder Hinsicht gestärkt, widme ich mich seinem Hunger und fange zugleich an, die Wohnung aufzuräumen. Denn ich bleibe nicht neben ihm sitzen. Wozu auch. Ein Gespräch führen geht ja nicht. Die Logopädin ist für 9 Uhr eingetragen. Wehe, sie kommt ein Viertel Stündchen früher, wie es einmal geschah! Sie musste seinen Wutausbruch über sich ergehen lassen. Von diesem Ereignis an habe ich den Wecker eingestellt, und zwar auf 6:45, damit alles seinen herkömmlichen Lauf nehmen konnte:

Aufstehen, eine Stunde Übungen, eine Stunde Frühstück, vor 8:45 auch die Zähne geputzt. Um 12 Uhr wird er dann seinen frisch gepressten Orangensaft einnehmen. Um 13 Uhr zu Mittag essen. Eine Stunde später ein ca. einstündiges Mittagsschläfchen halten, so um vier Uhr ein Milchshake trinken, ab 18:30 fernsehen, um 21 Uhr ein Abendbrot einnehmen, um 22 Uhr den Fernseher ausschalten, wieder Übungen im Sessel machen, danach langsam in Richtung Schlafzimmer gehen. Zwischendurch immer wieder logopädische Übungen am Computer, Puzzles, Zahlendomino, etc. Ein rigider Ablauf. So wie er von Retzer in Beziehung zu einem Baby gedacht ist. Ebenso sieht die Realität für einen Kranken aus. Die beiden Enden berühren sich, der Kreis schließt sich.

Und trotz des rigiden Ablaufs freut sich Manuel auch über jede Veränderung, Überraschung, über Besuch, Ausflüge, Besichtigungen, Theater- oder Opernaufführung, kleine Reisen, usw.

9. April 2012

Ostermontag! Ich war fleißig! In drei verschiedenen Kirchen, zu einem Stabat Mater, einem Oratorium und heute schließlich mit Manuel in einer Mozartmesse. Ich bin jeweils der Musik wegen gegangen, habe aber natürlich die priesterlichen Ansprachen mit anhören müssen. Die sind nicht mehr so lang wie ehedem, oder täusche ich mich? Meine Erinnerungen aus der Kindheit sehen zumindest anders aus.

Bin ich tatsächlich nur der Musik wegen gegangen? Oder hat mich der Anlass dieser Tage berührt? Angefangen hat diese Serie eigentlich schon vor ca. zwei Wochen, als wir mit Manuel in einer vierten Kirche Pergolesis Stabat Mater anhörten. Das hat mich sehr mitgenommen, Tränen sind reichlich geflossen, hauptsächlich zu Beginn und zum Ende hin. Das Thema? Das Leiden der Mutter Gottes über den Verlust ihres Sohnes. Leiden. Verlust. Beide sind mir nicht fremd. Leiden in meiner Pflegesituation, Verlust des Gatten, den ich vor inzwischen 41 Jahren ausgesucht habe, den ich aber als Ausgesuchten vor nunmehr sieben Jahren verlor. Pergolesi weiß diesen Schmerz musikalisch zum Ausdruck zu bringen. Er trifft tief.

Vielleicht habe ich mich in diesen Tagen nicht so allein gefühlt. Im Gegenteil: Eingebettet inmitten einer sensibilisierten Gemeinde, in der die Leiden vielfältig, verschiedenartig und obendrein sicherlich ungeheuer häufig sind. Auch wenn es vielen sehr, sehr gut geht. Wie mir ehemals.

Und somit muss ich auch an die Hybris denken. Ja, wie überheblich war ich doch. Ich glaube, es jetzt nicht mehr zu sein. Oder vielleicht nur in geringem Maße. Schon das Wort war mir früher fremd. Ich konnte nie den Sinn behalten. Wahrscheinlich lag mir nichts daran. Denn ich wollte ja gerade hervorstechen, besser sein als die anderen, mich abheben, meine Meinung akzeptiert, durchgesetzt wissen. Und nun? Ja, ein wenig Anerkennung brauche ich schon, ganz ohne geht es nicht. Es ist aber nicht mehr dieses Dürsten danach. Weil ich im Grunde genommen weiß, dass ich von meinen Bekannten wegen meines Einsatzes für Manuel anerkannt werde.

Ich muss zurückdenken an die Anfangsmonate, in denen Manuel zwar das Laufen mit Hilfe des Vierkantstockes gelernt hatte, aber immer nur so wenig wie möglich von seinem Gehvermögen Gebrauch machen wollte, woran sich übrigens bis dato nichts geändert hat. Für mich war der Anblick meines Gatten im Rollstuhl ein Dorn im Auge. Man darf es ruhig bildlich nehmen: Er schmerzte mich ebenso, wie mich der Stich eines Dornes im Auge geschmerzt hätte. Deswegen stellte der Einsatz des Rollstuhls für mich nur eine extreme Notlösung dar. Z.B. für ausgedehnte Spazierfahrten entlang der Promenade. Oder zur Bewältigung von mehreren Hundert Metern Entfernung, etwa zum nahe gelegenen Krankenhaus. Ich war der Meinung, er solle sich ein wenig anstrengen und kurze Strecken von bis zu 50 oder sogar 100 Metern aus eigener Kraft bewältigen. Dazu gehörte auch, dass er den Bürgersteig überquerte und beispielsweise in ein Restaurant hineinging, bis zu unserem Tisch, den ich sowieso immer in der nächsten Nähe des Eingangs wählte. Aber nein. Er, der Gourmet, der Feinschmecker, der ehemalige exzellente, viel bewunderte Hobbykoch war sich zu bequem, die wenigen Schritte humpelnd, das kranke Bein nachziehend, zurückzulegen. Konsequenz? Es gab keine Sonntagsausflüge ins Lokal. Er musste sich mit dem gewöhnlichen Menü seiner Gattin begnügen.

Inzwischen gehört der Rollstuhl zum Alltag außerhalb der Wohnung. Zuhause bedient sich Manuel des Stockes, geht vom Schlafzimmer ins Wohnzimmer, usw. Draußen fahr ich ihn im Rollstuhl zur Krankengymnastik, mit der U-Bahn in die Stadt, mit dem Bus in den Park, usw. Dieses Hilfsmittel ist zur Selbstverständlichkeit geworden. Und ich staune, wenn ich von anderen Pflegenden höre, dass sie von den Gesunden schief angeschaut werden, weil sie mit Rollstuhl oder Rollator umherwandern. So etwas bilden sie sich meines Erachtens nur ein, da sie sich selber unsicher fühlen, wie ich einst. Mir bieten die Menschen meist Hilfe an, die ich lächelnd abweise, denn wir beide sind inzwischen ein eingespieltes Team.

Nur einmal musste ich Hilfe in Anspruch nehmen, als bei der U-Bahn der Lift nicht ging. Nicht dass mir dies zum ersten Mal passiert wäre. Ich habe mir immer zu helfen gewusst, indem ich zur nächsten Haltestelle gelaufen bin. Aber an diesem Tage goss es in Strömen, und wir hätten mehrmals umsteigen müssen, um in unsere Linie zu gelangen. Also stand ich am Bahngleis und fragte zögerlich einen U-Bahnfahrer, ob mir Abhilfe geboten werden könnte. Er rief sofort die U-Bahnwache an und bat mich, einige Minute zu warten. Tatsächlich bahnten sich nach einer kurzen Weile zwei schick uniformierte Beamte, mit schräg liegender Baskenmütze auf dem Haupt, den Weg zwischen den unzähligen wartenden Fahrgästen hindurch. Alle Blicke richteten sich auf sie und dann auf uns beide. War der Grund ihres Erscheinens womöglich eine Bombe? Oder ein Herzinfarkt bei meinem kranken Mann? Nichts dergleichen. Wir gingen zur Rolltreppe und ein Beamter hielt den Rollstuhl von unten, der andere stand auf der oberen Seite neben mir. Ich hätte die 95 Kilo Gewicht unmöglich halten können. Für den kräftigen Mann war es hingegen ein leichtes! Ich bedankte mich, und sie boten mir höflichst an, ich könnte mich bei einem Hindernis jederzeit wieder bei der Wache melden. Wenige Tage darauf, nochmals im U-Bahngebiet, glaubte ich zu träumen: Ich sah eine Person alleine im Rollstuhl sitzend, die Rolltreppe hinauffahren! Sie hielt sich dabei kräftig am Handläufer fest. Mir wurde später erklärt, es handele sich dabei um ganz leichte Rollstühle. Ja, sonst kommt man mit einem normalen Gewicht bestimmt nicht zu Rande.

Die größte Errungenschaft in unserem Haushalt stellt eine einfache Flasche dar, aus Plastik. So einfach ist sie nun doch nicht, denn sie ist patentiert. Eine Urinflasche, durch einen Trichter derart gestaltet, dass ihr Inhalt bis zu einem Liter unkippbar ist. Sie hat mein, unser Nachtleben revolutioniert! Mein Mann schläft mit freiem Unterkörper, die Flasche die ganze Nacht zwischen den Schenkeln geklemmt. Es gibt kein Aufstehen mehr, kein Wecken zum Wasserlassen inmitten eines Traumes! Der Herr versorgt sich selber. Diesen Wunderartikel hat mein Sohn im August 2011 im Internet – gelobt sei es! – ausfindig gemacht. Da Manuel den Umgang damit erlernte und vor allem die Neuerung akzeptiert hat, machte ich mich sofort daran, aus meiner fast 6 Jahre währenden Abhängigkeit von den Schlaftabletten zu entkommen. Ein Homöopath riet mir zwar zu einer langsamen Entwöhnung, ich schritt aber entschlossen voran und war nach zwei Monaten in den freien Schlaf entlassen, auch wenn der Übergang in den Schlummerzustand noch zeitaufwendig war. Mit der speziellen

Urinflasche hatten wir sozusagen zwei Fliegen auf einen Schlag getroffen! Die dritte folgte einige Monate darauf: Ich zog zum Nächtigen ins Nebenzimmer, obwohl mit offener Tür, hörte anfangs wie eine um ihr Baby besorgte Mami noch jedes Schnarchen und jeden Husten meines Gatten, habe allerdings in der Zwischenzeit diese Störfaktoren aus meinem Schlaf eliminiert. Und er? Erholte sich vom ersten Schrecken des Verlassenwerdens und baute auch diese Routine in sein Leben ein.

Es fehlen mir noch einige Neuerungen in Manuels Alltag, wie der Besuch einer Tagespflegestätte, wovon er partout nichts wissen möchte, oder sogar der mehrwöchige Aufenthalt in einer Kurzzeitpflege, die es mir ermöglichen würde, Urlaub zu machen, z. B. auf den Kanarischen Inseln. Dahin würde er mich voller Begeisterung begleiten und will partout nicht einsehen, dass ich die Auszeit für mich alleine brauche. Eine Bekannte erzählte mir, dass sie durch die Unterstützung eines Psychologen ihren Mann dazu gebracht hat, in die Tagespflegestätte zu gehen. Einmal daran gewöhnt, wird sie Teil des Wochenablaufs. Diese Hilfestellung fehlt mir bis dato. Wer weiß, wann und woher sie mir in den Schoß fallen wird!